Richard Reich · Ovoland

RICHARD REICH

Ovoland

Nachrichten aus
einer untergehenden Schweiz

Kein & Aber

1. Auflage, Sommer 2001

Coverillustration: Giacomo Carloni
Satz und Gestaltung: N. Ditzler, Zürich
Druck und Bindung: Ebner, Ulm
ISBN 3 0369 5204 7

Inhaltsverzeichnis

0:0

Liebe Mitbürger!
Liebe Radiohörer zu Hause!

Gerne würde ich jetzt in diesen Boogie-Woogie einstimmen, der da soeben im Äther verklungen ist, denn auch ich liebe die Musik und ganz besonders das vierhändige Klavier, wie ich überhaupt unserem Landessender an dieser Stelle ein großes Lob aussprechen möchte für das feine Gschpüri, mit dem man in Beromünster tagein, tagaus auf die im Schweizer Volk gerade herrschende Stimmung eingeht,

sei es mit leichten Operettenklängen vor dem *Rendezvous am Mittag*,

sei es mit anspruchsvollem Jazz nach dem *Echo der Zeit*,

sei es mit einem ehrlichen Ländler im *Nachtexpress*

oder sei es zu guter Letzt mit unserer Nationalhymne kurz vor Mitternacht.

Immer fühlt sich der Bürger in Beromünster zu Hause!

Immer weiß er sich auf dieser Welle aufgehoben!

Zu jeder Stunde ist der schweizerische Radiohörer gewappnet gegen die Unbill, welche die gebeutelte Welt an jedem Tag, den uns der Herrgott gibt, heimsuchen mag. Hohes Verantwortungsbewusstsein spricht aus den tiefen Stimmen der nationalen Nachrichtensprecher, wenn sie zu später Stunde die letzten Meldungen verlesen, wohl wissend, welche Gefühle diese bei den Menschen daheim auslösen mögen:

Krieg in Israel!

Kennedy ermordet!

Nasser ist tot!

Tumult am Konzert der Musikgruppe The Rolling Stones*!*

Apollo 11 hat den Mond erreicht! . . .

Demütig, liebe Mitbürger, vernehmen wir im Schweizerland solche Botschaft. Gleichwohl entbindet uns der Welten Lauf nicht der Achtung und der besonderen Achtsamkeit gegenüber dem eigenen Geschick.

Und so treffen wir uns Jahr für Jahr am Ersten Augschten zu dieser schlichten Feier, um ein wenig über unser Land und über unseren Staat nachzudenken. Aber auch, um unsere Heimat einen Abend, eine Nacht lang in Würde zu feiern.

In diesem Sinne möchte ich die Kinder jetzt bitten, noch ungefähr eine Stunde lang ruhig zu sein und brav an eurem Sinalco zu suggelen, weil anschließend geht es ja dann gopel auch schon zgrächtem los da draußen, und ihr könnt alles ablassen, was ihr mitgenommen habt!

Liebe Mitbürger!

Vor zweihundert Jahren, zu einer Zeit großer Umwälzungen, formulierte der namhafte Schweizer Historiker Johannes von Müller unter dem Eindruck des Untergangs der Alten Eidgenossenschaft den Satz:

Mut für alte Rechte kommt allen Völkern zu, Maßnahmen zu nehmen zur rechten Zeit nur den Verständigen!

Er wollte damit sagen, dass es keine Kunst sei, das Volk zu mobilisieren, wenn es ums Überleben gehe, wogegen es viel schwerer sei, in ruhigeren Zeiten zum Rechten zu schauen und das Richtige zu tun.

Liebe Mitbürger, wir leben heute in eben so einer Zeit: Kein Feind steht an der Grenze, die Wirtschaft floriert, die Preise für Benzin und Kondensmilch sind stabil, am letzten Concours Eurovision wurden wir Vierter, und auch unsere Skifahrer zeigten sich vergangenen Winter in anständiger Form.

Kurz, es macht den Anschein, als dürften wir eigentlich zufrieden sein.

Was aber, so frage ich euch, würde nun Johannes von Müller von unserem Gebaren halten? Sind wir denn verständig genug und nehmen wir auch wirklich die richtigen Maßnahmen zur rechten Zeit? Wie mögen wir dereinst vor dem gestrengen Auge der Geschichte dastehen? In zehn oder zwanzig Jahren oder gar in noch fernerer Zukunft, wenn uns die Jahrtausendwende schlägt?!

Fest steht, liebe Miteidgenossen, dass ein jeder von uns heute nur um so eindringlicher aufgefordert ist, sich in Beruf, Militär und Familie für das Wohl des Vaterlandes einzusetzen. Man erinnere sich dabei am besten des Mottos, das der Bundesrat wohlweislich über seine letzte Neujahrsbotschaft stellte:

Kluger Rat: Notvorrat!

Ich frage Sie, liebe Mitbürger: Ist der Weg der Eidgenossenschaft je knapper, sinniger und träfer aufs Tapet der Weltgeschichte gezeichnet worden?

In diesem Sinn und Geist möchte ich es jedenfalls nicht verabsäumen, allen zu danken, die zum Gelingen dieser Feier beigetragen haben. Das ist zuerst der Verschönerungsverein, dann die Dorfmusik, welche uns nun wie jedes Jahr die Nationalhymne spielen wird, und dann natürlich auch das Oberland-Trio, welches später, zwar ohne Klavier, aber sicher trotzdem recht flott zum Tanz aufspielen wird.

Zuallererst aber seid jetzt natürlich ihr dran, liebe Kinder, mit euren Vulkanen und den bengalischen Zündhölzern! Ich muss euch allerdings im Namen der freiwilligen Feuerwehr bitten, nicht gar zu fest zu zeuseln, und ebenso sollten die Erwachsenen beim Raketenabschuss wegen der Waldbrandgefahr besondere Vorsicht walten lassen und namentlich mit dem Braten der Cervelats doch zuwarten, bis die Glut unseres Erst-August-Feuers auf ein allgemein verträgliches Maß niedergebrannt ist.

Herr Gemeindepräsident,
liebe Mitbürger,
liebe Radiohörer zu Hause!

Ich wünsche euch allen einen gesegneten Nationalfeiertag!

0:1

VOLK & VATERLAND

1:1 Wandern mit Walter

Es hätte so schön werden können, dieses Wochenende. So ruhig, so erholsam, so entspannend. Hätte. Wenn nicht dieser Anruf gekommen wäre am Freitag abend. Natürlich von Onkel Walter. Natürlich wollte er wieder wandern. Natürlich konnte man nicht gut Nein sagen. Wie immer.

Jeder hat irgendwo so einen Onkel Walter, meistens seit Geburt, da lässt sich nichts machen. Kaum kann man gehen, steht Onkel Walter da und will mit einem wandern. Das ginge ja noch, wenn man einfach nur so gehen könnte beim Wandern. Doch für Walter ist das Wandern keine Fortbewegung, sondern Religion und Wissenschaft, Weihespiel und Wettkampfsport. Punkto Wandern ist mit Waltern nicht zu spaßen.

Weil Walter meistens nicht nur einfach Onkel, sondern auch noch Patenonkel ist, schlägt sich das Wandern ungeachtet der Jahreszeiten an sämtlichen Familienfesten nieder. Während die Schwester an ihren Geburtstagen mit Silberbesteck traktiert wird, bekommt der Bub von Götti Walter der Reihe nach Gürtel, Hegel, Kompass, allerlei rauhe Wollsachen und schließlich, in der Regel zu Weihnachten, die ersten Wanderschuhe. «Du ziehst jetzt diese roten, hoffentlich ungewaschenen Socken an, Bub, und dieses solide Schuhwerk», befiehlt Onkel Walter unter dem Weihnachtsbaum, «und jetzt steigst damit in die halbvolle Badewanne und gehst dann so lange ums Haus, bis alles wieder trocken ist. Denn so und nur so, sag ich immer, werden richtige Wanderschuhe richtig eingelaufen!»

Einen Monat später, nach der Schneeschmelze, hat der Göttibub die Lungenentzündung überstanden und sich dank Onkel Walters Geschenkabonnement der Zeitschrift *Der Bergsteiger* sogar im Bett noch weiter vorbereitet. Und so wird er dann im Frühtau des Frühjahrs von Walter erstmals zu Berge geschleppt. Und seither nicht mehr von der Leine gelassen.

«Noch nicht parat?» fragt Onkel Walter, wie immer zu früh und trotzdem vorwurfsvoll, als er am Sonntag, Schlag fünf, taufrisch vor der Türe steht. Also fünf Minuten Frühstück, fünf Minuten Teeabfüllen, den Rucksack geschultert, und schon sitzt man mit Walter im Radiowanderer-Zug in Richtung Urschweiz, umzingelt wie immer von lauter Walter-artigen Mitkämpfern: Männer und Frauen von undefinierbarem Alter in mobilmachungsmäßiger Montur, mit spitzen Stöcken, derben Stricken und blanken Eisen bewaffnet, mit leuchtend roten Backen, fanatisch glühenden Augen und *Ovo Sport*-braunen Zähnen. Alle sind zum Äußersten entschlossen und ausnahmslos ekelhaft gut gelaunt. Alle erzählen gleichzeitig die gleichen Erlebnisse von sich gleichenden Ausflügen. Von herrlichen Bergen, sonnigen Höhen, ja, ja, ja, Bergvagabunden sind wir!

Ankunft am Zielbahnhof, alles raus und rein ins Postauto, rauf die dreihundert Kurven, aussteigen, bitte, und es kann losgehen. «Das Wichtigste», warnt Onkel Walter, während bereits konzentriert gewandert wird, «ist und bleibt der richtige Rhythmus, sag ich immer. Der richtige Bergsteiger, sag ich immer, geht vom ersten Meter bis zum Gipfel immer den genau gleichen Schritt. Nur so bleibt er trittsicher. Nur so spürt er sich und den Berg. Nur so treibt der Mensch Sport und nicht der Sport den Menschen, sag ich immer.»

Also wird im soliden Gleichschritt dem Eggenrüti und dem Stockbode, dem Tannenbüel und der Saxerlücke, dem

Chueligrat und dem Tubefels entgegengetrottet. Jede Stunde gibt's präzis fünf Minuten Rast mit Traubenzucker, Dörraprikosen und Minzentee im Stehen. Onkel Walter kann gar nicht so schnell trinken, wie ihm die Flüssigkeit in kleinen Schweißbächen aus dem karierten Hemd in die Hirschlederhose rinnt.

Aber schon will er unbedingt wieder weiter, der Gipfel ruft, denn jetzt geht da drüben die Sonne auf, und dort unten sieht man schon die erste vollgestopfte Seilbahnkabine heraufgondeln. «Ich bin grundsätzlich gegen Bergbahnen», keucht Onkel Walter böse und beschleunigt entgegen seinen ehernen Wanderregeln plötzlich das Tempo, «denn Bergbahnen erschließen keine Höhen des Naturgenusses, sag ich immer, sondern nur die Abgründe menschlicher Trägheit! Bergbahnbenützer sind Falschspieler!»

Doch der Vorsprung reicht, Onkel Walters strenger Zeitplan hat wieder einmal gesiegt. Das Kreuz auf dem Kläuslihorn liegt noch unbezwungen in den letzten Nebelfetzen, und der frischeste Eintrag im Gipfelbuch stammt nachweislich noch vom Vortag.

«Gratuliere!» grunzt Walter zufrieden und schüttelt gerührt alle verfügbaren Hände. Dann rattert er die zwohundert Bergnamen des umliegenden Panoramas herunter, natürlich mit metergenauer Höhenangabe. Eine Viertelstunde morgendliche Mittagsrast mit Schwarzbrot und Landjäger. Und jetzt folgen auf dem Abstieg endlich Höhepunkt und Kür dieses Wandertages. Denn jetzt kann Onkel Walter allen, die ihm von unten entgegen keuchen, den Lieblingsspruch eines jeden echten Bergsteigers ins Gesicht schmettern: «Mir sind halt scho dobe gsi!»

2:1 In Frutigen

Kürzlich weilte ich in Frutigen. Keine Ahnung, wie und weshalb ich dorthin geraten war. Winterwandern? Frühlingsskifahren? Verwandtenbesuch? Irgendetwas in der Art eben. Egal. Jedenfalls war es so ein sonniger Wintersonntag, und ich war offenbar in Frutigen, genauer: am Frutiger Bahnhof, und zwar so gegen siebzehn Uhr.

Frutigen ist ja an sich keine überaus aufregende Ortschaft. Frutigen ist in erster Linie zum Durchfahren da. Am besten geradeaus, nach Zermatt oder Zürich. Abbiegen kann man hier höchstens nach Adelboden.

Entsprechend gibt es in Frutigen nicht viel zu sehen, außer vielleicht an Montagen, wenn die Frutiger ihre frisch gewaschene Wäsche auf die Laube hinaus hängen. Entsprechend gibt es in Frutigen auch nicht viel zu erleben. Am wenigsten vermutlich an Wintersonntagen, so gegen siebzehn Uhr.

Ich aber stehe, aus welchem Grund auch immer, an so einem Sonntag arglos und allein am Frutiger Bahnhof. Es geht gegen siebzehn Uhr, und naturgemäß denke ich langsam über die Heimfahrt nach. Die Geleise weisen an sich geradeaus, nach Zermatt oder Zürich. Nur habe ich wenig Hoffnung, von hier wegzukommen. Der Frutiger Bahnhof ist ein bisschen wie eine Ballade von Mani Matter. Die Züge halten hier höchstens aus Zerstreutheit, und entsprechend rasch sind sie wieder weg. Vor allem an so einem Sonntag, besonders so gegen siebzehn Uhr.

Und so stehe ich also, aus welchem Grund auch immer, etwas ratlos am Frutiger Bahnhof. Es geht also gerade gegen siebzehn Uhr – und jetzt kommt da, mir nichts, dir nichts, tatsächlich so ein Zug daher! Wird wohl vorbeifahren, denke ich mir, da ich mir nicht wirklich vorstellen kann, weshalb gerade dieser Zug gerade hier wegen mir anhalten sollte. Doch dann quietschen Bremsen, und das Wunder geschieht.

Nun ist dieser bremsende Zug zwar nicht gerade der *Rasende Roland*, aber immerhin sieht er einem Schnellzug zum Verwechseln ähnlich. Und allem Anschein nach denkt er, aus seinem Bremsen zu schließen, tatsächlich ernsthaft über ein allfälliges Anhalten nach. Gerade will ich mich aufrichtig freuen, da wird auch in meinem Rücken nach Kräften gebremst. Und während der *Roland* noch so versonnen einherrollt, haben am Frutiger Bahnhof an die zwanzig Busse angehalten.

Ski-Car Meier steht auf dem ersten, *Ski-Plausch Müller* auf dem zweiten, und so geht das tonnenweise weiter bis zum hintersten und letzten Ski-Bus, jenem von *Kander-Reisen AG*. All diese Automobile stoßen sofort viel junges Ski-Volk aus, spucken es massenhaft auf den Frutiger Bahnhof, und erschwerend kommt hinzu, dass jetzt aus allen Richtungen auch noch Postautos ankommen.

Eben war ich hier doch noch arglos und allein, und jetzt stürmen hyperventilierende Halbtaxler meinen Frutiger Bahnsteig. Von allen Seiten nahen bedrohliche Pensionisten-Populationen, noch ganz im Kaffee-und-Kuchen-Delirium. Im Laufschritt machen sich hier Schwetten von Schweizer Familien breit, ganz im Zustand fortgeschrittener Selbstzerfleischung – halt wie immer an Sonntagen, so gegen siebzehn Uhr.

Und ehe ich mich's versehe, schiebt mich diese mit Schneebrettern und Spazierstöcken bewehrte Brandung in Richtung *Roland* davon, welcher eben jetzt als Schnell-

und Sportzug offenbar völlig fahrplanmässig in Frutigen hält. Und bald schon bin ich als Teil eines Turnerausflugs in ein Viererabteil gequetscht. Und bald stößt man mir seitens eines Kantonalbank-Skiweekends verschiedene Ellbogen in die Rippen. Und bald tropft mir der Snow eines Boards aus dem Gepäcknetz auf den Kopf. Und bald machen redbullige Spangenträger die Bahn mit ihrem Blaster zum Ghetto. Und bald wird hier gejasst, und dort wird gejazzt. Und ein Minibar-Keeper kämpft um sein Fortkommen. Und ein Kondukteur kämpft um sein Einkommen. Während ich mache, dass ich wegkomme.

So stand ich wieder am Frutiger Bahnhof. Ein Pfiff, und weg war er, der *Roland*, an diesem Sonntag, kurz nach siebzehn Uhr.

3:1 Der Schieber

Kürzlich habe ich an einem Tag zwei Päckli bekommen. Das eine kam von Frau Leutwyler aus dem Kanton Zug. Sie schickte mir eine feine Kirschtorte, vermutlich in der richtigen Annahme, dass die Zürcher Konditoreien allmählich allesamt vor die Hunde gehen. Das zweite Paket kam von der Müller AG aus Neuhausen am Rheinfall. Sie schickte mir eine Jasskarte sowie die Einladung zur Präsentation einer «nationalen Weltneuheit».

Und zwar möchte die Firma Müller nächsten Mittwoch in Luzern die «außergewöhnliche Visualität» ihrer neuen Jasskarten «mit der dreidimensionalen Wirkung» vorstellen. Zu diesem Anlass werden allerhand Stützen der Schweizer Gesellschaft auftreten, nämlich die neue Miss Schweiz, der amtierende Schwingerkönig, ein Kartenzauberer namens Gumaro sowie die Musikformation Saitenfieber. Worauf es dann im Restaurant Militärgarten noch eine Gratismahlzeit gibt. Wahrscheinlich etwas mit Härdöpfelsalat.

An sich ist das mehr als genug, um einen wie mich sogar in die Innerschweiz zu locken. Trotzdem werde ich dem Anlass aus drei guten Gründen fernbleiben. Erstens, weil ich die «frischesten und brillantesten Jasskarten» aus dem Hause Müller, wenn ich ehrlich bin, schon von weitem ausgesprochen hässlich finde (mein Ansichtsexemplar zeigt einen Schaufelkönig, der die gewichtige Würde seiner Vorfahren eingebüßt hat, eine blasse Witzfigur mit McDonald's-Krone, wie aus einem Disney-Streifen). Zweitens, weil ein richtiger Schweizer Jasser sowieso nur unter Waffengewalt seine Jasskartenmarke wechselt. Und drittens, weil ich Wichtigeres zu tun habe. Nämlich jassen.

Unser Kartenklübli trifft sich jeden Mittwochmorgen um halb zehn im Billard-Restaurant Schlauch. Dort ist es wunderbar ruhig, weil die Beizerin immer derart bös dreinschaut, dass sich höchstens noch Wehrpflichtige hierher trauen. Mannsbilder mit doppeltem Hosenboden. Und im Sitzen mit einer Ellbogenspannweite von anderthalb Metern, mindestens.

Frauen sind bei uns sowieso nicht zugelassen. Weder am Tisch noch auf dem Teppich. Wir spielen deutsch und deutlich und damit damenfrei. Schellen-Ober statt Karo-Dame. Aber das hat nichts mit Männerbündlerei zu tun. Bloß mit Erfahrungen.

Als wir unseren Jassklub im einundneunziger Jahr gründeten, waren die Frauen nämlich zuerst noch mit von der Partie. Bis allen klar wurde: Der Schieber ist der erste Schritt zur Scheidung. Einmal falsch verworfen, und der Heiri nennt sein Herzblatt *hirnlose Kuh*. Ein vergessenes Dreiblatt, und schon predigt die Hermine dem Haushaltsvorstand Gardinen. Und wehe, wenn man die Eheleute trennt! Dann werden sie womöglich übers Kreuz harmonieren. Und bevor du *Bock* sagen kannst, wird der Schaufelkönig zu Othello, und Lady Macbeth sticht ihrem Ass mit dem Nell die Augen aus.

Seither sind wir am Mittwoch darum lieber eine reine Männerrunde und haben klare Verhältnisse. Stöck, Stich, Wys, Punktum! Halbiert wird nicht, und rund ist doppelt, basta! Dreimal zwotausend, und wer verliert, zahlt den Kafi, fertig! So einfach ist er nämlich, unser Nationalsport. Bis zum dritten Bieter muss man das einfach kapiert haben. Sonst brüllt man noch im Altersheim: *Füfzg vom Fähnli!*

Gestern hat meine Mutter angerufen. Sie ist neben Monika Fasnacht die einzige Frau, die wirklich jassen kann.

Sogar Kurse gibt sie, da können Coop und Migros einpacken. Ich selber konnte noch kaum laufen, da musste ich schon zum Putzer antreten. Eigentlich hätte ich ja damals meistens lieber getschuttet, aber da kannte meine Mutter kein Pandur. Schließlich muss man was für die Bildung tun. Auf unseren Ferienreisen lautete der Tarif dann unmissverständlich: pro Viertelstunde Fußball eine gotische Kirche plus drei Runden Differenzler. Und so brachte ich es dann in meinem Leben bis zum Telefonspieler im Samschtig-Jass.

«Bub», hat meine Mutter also gestern am Telefon gesagt, «hast du nächsten Samstag Zeit für einen Schieber?! Es kommen noch Götti Hans und Onkel Walter.» Tja, eigentlich habe ich ja fürs Wochenende mit ein paar Kollegen zum Hallenfußball abgemacht. Aber gegen frühkindliche Kartenprägung lässt sich wohl wenig ausrichten.

Ich denke, ich bringe die Kirschtorte mit.

4:1 Magenbrot

Ich verrate dir jetzt ein Geheimnis, Meier: Das hier ist mein letztes Sechstagerennen. 37-mal war ich dabei, Meier. Seit 1963: nie gefehlt, nie geschwänzt, nie krank. Aber jetzt ist Schluss.

Zigaretten! Zigarren! Zigarillo!

Und ich sage dir auch, warum, Meier: Weil es nämlich nicht mehr das Gleiche ist! Du glaubst es nicht, aber irgendwie fühle ich mich in letzter Zeit richtig fremd im Hallenstadion. Ausgerechnet ich, der sein halbes Leben in diesem Betontempel herumgehockt ist. Möchte wissen, wie viele hunderttausend Kilometer ich hier gemacht habe. Immer Stägeli uf, Stägeli ab. Am Dienstag meistens ZSC, am Donnerstag meistens Elton John, und Ende November dann das Sechstagerennen. Das war mir am liebsten. Da kannte ich keine Müdigkeit. Sechs Tage und Nächte habe ich tonnenweise Zucker und Teer an den Mann gebracht. 37 Jahre lang. Das soll mir mal einer nachmachen.

Pfäffermünz! Ricola! Ragusa!

Damit du mich richtig verstehst, Meier: An den Fahrern liegt es nicht, dass ich aufhöre, im Gegenteil. Ich meine, ohne Risi/Betschart wäre ich ja schon lange weg. Richtig schade, denke ich mir immer, wenn ich diese beiden wieder siegen sehe, dass der Voegeli Sepp selig das nicht mehr erleben durfte: Diese Waden! Dieses Köpfchen! Diese Klasse! Ich meine, nichts gegen Plattner Oski und den Pfänni, ich meine, nichts gegen Dill-Bundi oder den Freuler, und wie die alten Säcke alle heißen. Aber seien wir ehrlich, Meier: Die hätten doch samt und sonders Risi/Betschart nicht das Isostar reichen können.

Mandeln! Magenbrot! Bärendreck!

Nein, es liegt mehr am Drumherum, Meier. Schau dir doch nur mal dieses Publikum an! Ich meine, früher saßen doch noch ganz normale Füdlibürger in der Halle, so wie du und ich, Meier. Ehrliche, grade Typen, die sich ein Jahr lang brav bei der Frau wie ein Kind aufs Sechstagerennen gefreut haben. Frei genommen haben die, damit sie dann auch ja keinen Mitternachtssprint verpassten. Und natürlich auch, damit sie sich für einmal wirklich in Ruhe die Lampe füllen konnten. Und heute? Ich frage dich, Meier: und heute? Ein paar verirrte Börsenheinis, denen irgendein Kunde ein Gratisbillett ins Poschettli geschoppt hat. Ein paar Eigenheimbesitzer aus Bubikon. Und ein paar schigge BMW-Leaser, die dir beim Hereinkommen leutselig auf die Schulter klopfen. Und dir dann um drei Uhr früh ihre Lebensgeschichte in den Bauchladen kotzen. Weil sie seit drei Monaten ihre Raten nicht mehr zahlen können.

Läkerol! Sanagol! Panadol!

Und bei diesem Pack sollst du dich dann auch noch anbiedern, als einfacher Detailhändler. Bitte keine Marocaine mehr zur Américaine!, sagt unser Direktor, sondern nur noch Dunhill. Bloß keine Brissago zu *Doktor Schiwago* – der natürlich nicht mehr von den *Original Rüebliländern* gespielt wird, sondern von einem vornehmen Viermannorchester. Schließlich gibt's im Hallenstadion ja auch schon lang keine schlotenden Büezer mehr. Sondern nur noch parfümierte Parisienne-People.

Und schau dir doch nur mal die Beizen an, Meier! Wo du hinkommst in der Halle: nichts als Tapas und Sushis und solche Schweinereien. Für zehn Franken das Stück. Und hinter der nächsten Säule hast du dann schon wieder Hunger. Weil man nirgends mehr ein richtig öliges Hühnerflügeli kriegt. Geschweige denn ein Fondue. Weil es hier nämlich nicht mehr nach Käse und Schnaps stinken darf, sagt unser Direktor. Und auch fast gar nicht mehr nach Rauch. Weil das Sechstagerennen nämlich sauber werden muss. Und trendiger. Weg mit dem Süessholz!, sagt der Direktor, Schluss mit dem Karamell! Noch nie was von modernem Freizeitverhalten gehört, Meier?!

Supradyn! Kreatin! Kokain!

Aber ohne mich, Meier. Mich siehst du hier nie wieder. Wenn du wieder mal ein paar solide Salznüssli knabbern möchtest, Meier, musst du schon auf den Letzigrund kommen. Dort ist das Volk zu Hause, Meier, oder was davon übrig geblieben ist. Dort essen sie dir auch noch anstandslos ein Schoggi-Trauben-Cornet. Ohne dir gleich die Birne vollzuschwafeln, von wegen zu viel Tschul und null Ballaststoff und so.

Also mach's gut, Meier. Bei FCZ gegen Winti sehen wir uns wieder.

5:1 Wiedererwägungsgesuch

Sehr geehrter Herr Oberstleutnant!

Vermutlich werden Sie sich nicht mehr an mich erinnern. Es ist nun doch schon 21 Jahre her. Und leider war es damals eine viel zu kurze und eine etwas gar oberflächliche Bekanntschaft.

Damit komme ich auch schon zu meinem Anliegen, zum Grund dieses Schreibens: Ich möchte, sehr geehrter Herr Oberstleutnant, dass Sie den ungünstigen Eindruck, den Sie seinerzeit von meiner Person erhielten, korrigieren. Ich bitte um eine zweite Chance. Ich stelle einen Rückkommensantrag. Ich überreiche Ihnen hiermit ein Wiedererwägungsgesuch.

Als wäre es gestern gewesen, erinnere ich mich an jenen Frühlingstag anno 1980. Es war der 28. Mai, ein Mittwoch. Pünktlich morgens um acht traf sich mein Jahrgang im schönen Städtchen Bubikon zur Aushebung. Ein rascher Rundblick auf dem Schulsportplatz genügte, und ich wusste: Die Chancen standen gut, mein Ziel schien erreichbar! Die meisten meiner Alterskollegen sahen aus, als hätten sie seit Monaten nicht mehr geschlafen: unfrisiert, unrasiert, unmotiviert, unsportlich – ein einziger Sauhaufen, was indessen kaum überraschte, Herr Oberstleutnant. Denn wie Sie sich erinnern werden, war jener Frühling ja die Blütezeit des Zürcher Chaotentums.

Umso härter traf mich, was folgte. Schon die sanitarische Musterung wurde zur persönlichen Erniedrigung. Kommentarlos kritzelte mir der Aushebungsarzt wie einem Schlachtvieh mit rotem Neocolor dubiose Abkürzungen auf die Haut. Und als er meinen Brustumfang und die

Oberarme maß, kam er aus dem Seufzen und Kopfschütteln nicht mehr heraus. Ich schwöre Ihnen, Herr Oberstleutnant, dass er hörbar etwas von *Würstchen* murmelte, bevor er mich zur Sportprüfung in die Turnhalle schickte.

War es da ein Wunder, dass ich beim Medizinballwurf vor Verunsicherung versagte? Dreimal hintereinander rutschte mir diese Lederschwarte im entscheidenden Moment aus der Hand. Resultat: drei Meter fünfundsiebzig.

Wie, Herr Oberstleutnant, sollte ich mich damit bei Ihnen als künftiger Minenspicker aufdrängen? Natürlich stand ich jetzt schon derart unter Erfolgszwang, dass ich mir beim Weitsprung aus dem Stand prompt den Fuß verknackste, worauf ich beim Dauer- und beim Pendellauf logischerweise Letzter wurde, und diese verdammte Kletterstange bin ich ja schon in der Primarschule nie raufgekommen.

Macht total 76 Punkte. Genau 249 zu wenig für das erhoffte Militärsportabzeichen. *Ungenügend.*

Vor Kummer brachte ich beim Mittagessen kaum den Schüblig hinunter, Herr Oberstleutnant, und als ich später zum Einteilungsgespräch in Ihr Büro kam, hatte ich mir den Gebirgsgrenadier längst abgeschminkt. «Dann eben Füsel», dachte ich mir, «du kannst dich ja in der RS für höhere Aufgaben empfehlen.» Aber Sie, Herr Oberstleutnant, haben nur in Ihren Akten geblättert und mir stumm einen Stempel ins Büchlein geknallt. *Untauglich.*

Ich muss Ihnen schon sagen, Herr Oberstleutnant, ich habe Jahre, wenn nicht Jahrzehnte gebraucht, bis ich mich davon erholte. Während ich in Oerlikon in feuchten Zivilschutzkellern herumsaß, träumte ich von den Hügeln über Isone. Während ich mir im Halbschlaf eine stumpfe Spritze in den Oberschenkel stieß und Entgiftungsmehl auf die

ABC-Pelerine streute, hetzte mein besseres Ich über die Reppischtaler Kampfbahn. Und wie viele Granaten ließ ich wohl im Geiste in den Felsen ob Andermatt detonieren, während ich für einen plattfüßigen Blockchef *GABI* aufsagen musste!

So ganz, Herr Oberstleutnant, habe ich die Hoffnung auf eine militärische Laufbahn nie fahren lassen. Vielleicht haben Sie gemerkt, dass ich mich auch als Ausgemusterter jederzeit streng an die Dienstvorschriften gehalten habe? Unaufgefordert meldete ich meinem Sektionschef sämtliche Berufs- und Wohnortwechsel. Daneben habe ich mir im Militaria-Laden an der Löwenstrasse mit der Zeit eine Ausrüstung zusammengekauft. Komplett, vom Waffenrock bis zum Mannsputzzeug.

Und jetzt scheint es plötzlich, als könnte mein Durchhaltewille doch noch belohnt werden. Wie gut, dass diese Woche in Zürich gerade wieder Aushebungen sind, Herr Oberstleutnant! Schicken Sie mich also rasch noch einmal auf den Zwölf-Minuten-Lauf! Ich bin zwar fast vierzig, aber immer noch im Schuss, Herr Oberstleutnant. Und dann her mit diesem Medizinball, Herr Oberstleutnant, und dann nichts wie rauf auf diese verdammte Kletterstange! Jetzt nur keine Zeit verlieren, Herr Oberstleutnant!

Denn was mussten wir da heute Morgen in der Zeitung lesen, Herr Oberstleutnant? «Die Armee funktioniert nicht mehr», hat unser Verteidigungsminister erklärt. «Es herrscht akuter Unterbestand», hat er gesagt, und zwar vor allem an Kaderleuten. Siebenhundert Unter- und dreitausend Subalternoffiziere werden gebraucht, Herr Oberstleutnant. Melde mich also sofort zur Stelle, Herr Oberstleutnant. Vor Ihnen steht ein Schweizer Jungsoldat, Herr Oberstleutnant, mitten auf dem zweiten Bildungsweg.

6:1 Der Waffenlauf

Liebes Wettkampfkomitee,

Bezug nehmend auf mein Schreiben vom Siebenten dieses Monats, mit dem ich mich bei Ihnen für den 43. Zürcher Waffenlauf anmeldete, möchte ich mich hiermit wieder abmelden, wohl wissend, dass der 43. Zürcher Waffenlauf bereits vorgestern stattgefunden hat, aber Ordnung muss sein.

Sie dürfen mir glauben, meine Herren, dass mir meine Nicht-Teilnahme an Ihrem Anlass äußerst schwer gefallen ist. Immer wieder war ich den Parcours des «Zürchers» in den letzten Wochen im Geiste abgelaufen, und unter normalen Umständen hätte mich auch nichts und niemand am Sieg hindern können, kennt doch keiner im Feld dieses Terrain so gut wie ich, der ich seinerzeit am Pfannenstiel aufgewachsen bin, von meiner heutigen körperlichen und mentalen Top-Form ganz zu schweigen.

Nach einem aus taktischen Gründen eher verhaltenen Start hätte ich mich am Sonntag in der Gegend von Zumikon unauffällig an der Spitze eingereiht, um dann im Aufstieg zum Chapfholz unvermittelt anzugreifen, am besten bei der zweiten Lichtung, rechts, wo der Weg im Dickicht unübersichtlich wird (ungefähr dort, wo wir Murmer Buben früher immer den neureichen Zumiker Gofen aufgelauert haben, die uns gern als *Schattenhängler* verspottet haben, weil sich unsere Gemeinde kein Freibad leisten konnte, weshalb wir ihnen natürlich eins auf die Birne geben mussten). Aller Wahrscheinlichkeit nach hätte mir nur Fach Of Jörg Hafner zu folgen vermocht, der, wie Sie wissen, in der laufenden Waffenlaufmeisterschaft allein in Führung liegt, hingegen wären Feldwebel von Känel und Radfahrer Deller, die ja am «Zürcher» ebenfalls zu den Favoriten gehörten, von meinem Vorstoß sicherlich überrascht worden, denn so frech ist der versammelten Waffenlauf-Elite seit Mitrailleur Albrecht Moser, der, wie Sie wissen, zwischen 1943 und 1991 sämtliche Schweizer Waffenläufe gewonnen hat, wohl niemand mehr vorbei- und davongekommen.

So wären also Hafner und ich, Schulter an Schulter, dem Wehrmännerdenkmal entgegengelaufen, wo mir trotz erhöhtem Wettkampfpuls wehmütig ums Herz geworden wäre, nämlich wegen all der Erinnerungen. Ich hätte zum Beispiel daran gedacht, wie wir Halbstarken hier um 1980 herum aus Blödsinn das Erst-August-Feuer schon im Juli anzündeten und wie dann in der Zeitung stand, das seien sicher Stadtzürcher Chaoten gewesen, wo wir Landeier doch damals zu rein gar nichts zu bewegen waren, obwohl wir in der Sek auch mal einen Sitzstreik probierten. Außerdem wäre mir eingefallen, wie ich in der Nacht vor der Aushebung zusammen mit meinem Schulfreund Hene am Fuße des Denkmals saß und Hene einen dicken Joint rauchte und sagte, er wolle ums Verrecken wegkommen oder wenigstens zur Sanität, während ich an einem Süßholz kaute und sagte, dass ich ganz gern zu den Minenspickern ginge, weil das so sportlich tönte, worauf dann Hene zu den Minenspickern kam und ich zu den Sanis, ist das nicht lustig?

Nach dem Forchdenkmal hätte ich dann im Wassbergwald die Führung übernommen, und Hafner hätte sich sicher gedacht: Super, jetzt kann ich Kraft sparen und Trittbrett fahren!, aber das wäre natürlich nur ein Täuschungsmanöver gewesen. Denn kaum kommst du aus dem Wald zur Wassbergwis, die einst ein Fußballplatz war, geht's scharf abwärts, und zwar auf grobem Kies, und wer das nicht kennt, gerät leicht ins Stolpern, weshalb ich genau hier und jetzt attackiert und den Hafner in den Senkel gestellt hätte und ihn spätestens bis zum neuen Pfadiheim definitiv abgehängt hätte, um dann solo dem Sieg entgegenzulaufen. Selbstbewusst, aber ohne Hochmut hätte ich den Beifall der Zuschauer quittiert, welche man an Waffenläufen, wie Sie ja nur zu gut wissen, meine Herren, in letzter Zeit (genau wie die Zahl der Waffenläufer selber) leider fast an einer Hand abzählen kann. Der Vorteil vom Zuschauerschwund ist, dass du am Wegrand praktisch jeden kennst, der dir winkt oder dir einen feuchten Schwamm ins Gesicht drückt, was zwar gut gemeint ist, aber am Sonntag angesichts von neun Grad und Bise nun wirklich nicht nötig gewesen wäre. Unter anderem hätte ich vermutlich spätestens bei der Kehrichtdeponie Chalen, wo wir früher mit unseren frisierten Töffli Motocross spielten und Parisienne rauchten und alte Kühlschränke anzündeten, den Päuli herumstehen sehen, der mit mir in Losone die RS gemacht hat und der auch in jener Nacht dabei war, als wir auf der Wache jassten und Merlot soffen, und dann kam der Lefti rein, aber wir, nicht faul, sprangen auf und grüßten vorschriftsgemäß, und ich sagte, Sie werden's nicht glauben, meine Herren, ich sagte, Leutnant, sagte ich, melde gehorsamst, keine besonderen Vorkommnisse, was natürlich drei Tage Scharfen gab, aber den Vorschlag haben Sie mir dann doch gegeben. Weiter wäre es dann über Süessplätz und Hasenbüel nach Binz gegangen, wo ich mit Echi und Stene einmal fast das Grümpi gewonnen hätte, und dann via Pfaffhausen, wo gar kein Pfaff haust, weil die Pfaffhauser kirchlich zu Fällanden gehören, dann in den Geeren hinunter, wo es eine berühmte Beiz gibt, in der lauter Liberalisierungskriegsgewinnler bei einer Blut- und Leberwurst den Puls des Volkes fühlen, und dann nur noch das sogenannte Bannholz rauf, das vom Lothar praktisch flachgelegt wurde, und rüber in die Looren, wo mich im Ziel sehr viele Ehrengäste aus Militär, Politik und Wirtschaft erwartet hätten und wo man mir zu den Klängen des Reppischtaler Rekruten-Spiels die Goldmedaille angeheftet und zweihundert Franken sowie einen Blumenstrauß ausgehändigt hätte, wenn ich nicht, wie gesagt, kurzfristig dem Start ferngeblieben wäre.

Natürlich darf heutzutage, wie Sie mir, meine Herren, ja am Dritten dieses Monats schriftlich versichert haben, im Prinzip jedermann waffenlaufen, sogar Frauen. Und natürlich lag es schließlich einzig und allein an mir, dass ich letzten Freitag, als man mir im Zeughaus den Tarnanzug 90 entgegenstreckte, einfach davongerannt bin, weil mir plötzlich verdammt ähnlich zumute war wie anno 1984, als man mich, wie es hieß, infolge akuter Uniform-Neurose sowie notorischer Ladehemmung vom Militärdienst befreite. Dabei kann ich Ihnen glaubhaft versichern, meine Herren, dass ich eine echte Attraktion für Ihre sterbende Sportart wäre, ein starkes, wenn auch zwanghaft ziviles Zugpferd, ein designierter Seriensieger, wenn man bei Ihnen doch nur irgendwie wehrlos laufen könnte! Überlegen Sie es sich doch wenigstens einmal, meine Herren, ich stehe Ihnen Tag und Nacht zur Verfügung.

Mit kameradschaftlichem Gruß

San Sdt a D …

7:1 Der Pazifist

Da haben die doch einfach mein Schützenhaus abgerissen! Keuchend stehe ich in der Waldlichtung und ringe um Fassung und Orientierung. Dort, wo vor kurzem noch jene lottrige Holzhütte stand, bei der ich beim Joggen auf meiner gewohnten *Schützenhaus-Runde* immer wende, liegen jetzt nur noch ein paar Späne am Boden. Und wo einst fröhlich gelbe Zielscheiben leuchteten, wuchert nun schon mannshoch düsteres Heidekraut.

Verschwunden ist damit auch der greise Schützenwart, der am Sonntag immer wie ein Denkmal auf der Bank vor seinem Schützenhaus saß, den Kranz an der Brust, einen Zahnstocher im Mundwinkel und immerzu in Erwartung, dass vielleicht doch noch einer käme, sein Glück zu probieren. Aber statt ein paar gutmütiger Karabiner tauchten dann offenbar bösartige Bagger auf, bis zu den Schaufelzähnen bewaffnet, und schleiften den Schießstand auf den Sondermüllplatz der Geschichte.

«Im Boden und an Pflanzen vorhandene Bleirückstände können bei Mensch und Tier Vergiftungen verursachen», heißt es auf dem letzten Stück Blech, das noch an dieses dahingegangene Stück Eidgenossenschaft erinnert, und irgendwie bin ich empört darüber. Obwohl mein Verhältnis zur allgemeinen Schweizer Schießwut ja nie ein wirklich ungebrochenes war. Als Jugendlicher wollte ich zwar noch wie jeder normale Schweizer Sportler so eine richtige Kampfsau werden. Doch dann kam der Vietnam-Film *Hair* in die Kinos, und ich wurde statt Panzergrenadier Pazifist. An der Aushebung sagte ich diesen kalten Kriegern gleich mitten ins Gesicht, dass ich ein Rotgesinnter sei: RAF, Roter Oktober, Rotes Kreuz, Ferrari, FC Liverpool – das war damals meine Welt, und der Aushebungsoffizier hat das auch ohne weiteres verstanden und mich statt zu den füsilierenden Sportschützen anstandslos zur Sanität geschickt.

Obwohl es sich bei den Schweizer Sanitätern ja gemeinhin um Schwächlinge und Saboteure handelt, wurde uns später in der Kaserne dann aber doch eine Pistole in die Hand gedrückt. Das Ding war schwer, schwarz und kalt, aber vom Klang her durchaus ähnlich wie *Winnetous Silberbüchse*, die ich einst von meiner Gotte zum 7. Geburtstag bekommen hatte. Also knallte ich schon in der ersten Übung volle 58 Schuss in die Kiesgrube, die sich gewaschen hatten! Und anschließend schoss ich auch die kombinierte Ordonnanzscheibe P, die Feldscheibe B, die Figurenscheibe F sowie die Olympiascheibe P derart in Fetzen, dass ich in der fünften RS-Woche den ersten Vorschlag bekam.

Das war jetzt natürlich schon ein wenig peinlich. Vor allem weil ich ja am Weekend, wenn ich nicht gerade wegen Flugblattverteilens wieder mal *Scharfen* hatte, immer zu den Zusammenkünften der *Roten Oberländer Ratten* nach Wetzikon fuhr. Die Kollegen dort haben mich natürlich ganz schön unter Druck gesetzt, als sie von meinen Heldentaten hörten. Zur Strafe musste ich in der folgenden Woche auf der Wache ganz allein eine Kanne Haschischtee schlürfen, und als dann der Lefti kontrollieren kam, hatte sich die Sache mit der Militärkarriere erledigt.

So besitze ich heute zwar noch immer mein altes Schießbüchlein. Aber die Pistole bin ich längstens los, und auch sonst lebe ich gänzlich unbewaffnet, was ja durchaus meinen pazifistischen Überzeugungen entspricht. Allerdings meldet sich mitunter in den dümmsten Momenten mein angeborener Hang zum sportlichen Zielschießen. Zum Beispiel, wenn so ein BMW-Fascho mit neunzig durch unsere Wohnstraße blocht. Oder wenn mir wieder ein Nachwuchs-Rapper seinen Pizzakarton über den Gartenhag schmeißt. In solchen Fällen würde mir die Wahl zwischen Flaubert und Flobert im Grunde keine Qual bereiten. Da würde ich das Blumenkind am liebsten kommentarlos in den Keller sperren und den inneren Bluthund von der Leine lassen. Und dann Gnade euch allen! Denn wer als Bub mit dem Luftgewehr Garnisonen von Plastic-Cowboys und ganze Stämme von Gummi-Rothäuten ausgelöscht hat, kommt sicher nicht so rasch aus der Übung.

Militanter als ich war seinerzeit jedenfalls nur mein Freund Karl, der im Sandkasten gern mit einer Familienpackung Frauenfürze seine selbst gebastelten Schützenpanzermodelle sprengte. Inzwischen ist Karl Journalist, und auch ich bin heute praktisch unpolitisch. Natürlich wende ich mich aber entschieden gegen die Kriegsgurgel George Tubeldu Bush, der seine Amerikaner geschlossen mit dem Gewehr im Anschlag auf die Straße schickt.

Und insofern bin ich doch auch dafür, dass wir unsere Schützenhäuser niederreißen und in den befreiten Waldgebieten schattige Schrebergärten anlegen. Am besten gedeihen dort übrigens das gemeine Sumpfblutauge und die klassischen Kanonenputzerli.

0:2

ANLEITUNGEN

1:2 Der Lebenslauf

Manche Leute denken, der Aufschwung unserer Schweizer Wirtschaft sei die Folge von Dingen wie dieser Globalisierung und so. Aber das ist falsch.

Unsere momentan gute Performance auf dem internationalen Markt ist einzig und allein das Resultat eines urschweizerischen Volkssports. Damit meine ich nicht etwa Schwimmen oder Schwingen, nicht Fußball und Faustball, nicht Felgaufzug, Alpaufzug oder Steuerhinterzug, nein, ich meine damit den Lebenslauf.

Es gibt nachweislich niemanden in diesem Land, der diese Disziplin nicht mindestens einmal in seinem hiesigen Dasein ausgeübt hätte. Für die meisten Schweizerinnen und Schweizer aber ist der Lebenslauf sogar *courant normal*. Am Samstagnachmittag, wenn der Volg geplündert, der Wagen gewaschen, der Rasen gemäht und der erste Familienstreit glücklich vorüber ist, macht man sich gemeinsam auf die Socken. Und wenn man dann nach ein, zwei Stunden wieder heimkommt, ist man wohl erschöpft, doch auch erfrischt und ertüchtigt, und Vater und Mutter streichen ihren Kindern übers schweißnasse Haar und wissen: Nun können wir mit dem Leben wieder fertig werden, mindestens eine Woche lang.

Und genau diese rituelle Stärkung des ganzen Volkskörpers bildet die Basis jener landläufigen Fitness, mit der die Schweiz die Restwelt auch nationalökonomisch das Fürchten lehrt.

Der Lebenslauf oder Vita-Parcours wurde 1968 erfunden, was mit den damaligen gesellschaftlichen und politischen Umständen zu tun hatte. Zu jener Zeit verspürten bekanntlich speziell die jungen Menschen eine auffallende Unruhe. Es kam nicht selten vor, dass Studenten mit Holzlatten nach Polizisten schlugen, und die Kinder jagten ihre Lehrer vor sich her oder bewarfen die Eltern mit antiautoritären Erziehungsratgebern. Diese einseitige Art der Konfliktbewältigung (die Erwachsenen durften ja neuerdings nicht mehr zurückschlagen) führte zu einer rapiden Verschlechterung der Volksgesundheit sowie zu einem Anstieg der Krankenkassenprämien. «Wir müssen die Schweizer von den Straßen holen!» rief deshalb Bundesrat Gnägi im Herbst 1968 auf Radio Beromünster in seiner Antrittsrede als neuer EMD-Vorsteher. Und tatsächlich, es dauerte nicht lange, da fanden seine Worte Gehör. Wie auf Befehl brachen die Menschen auf und gingen geschlossen in den Wald, massenhaft und mindestens einmal die Woche.

Ich selber gehöre ja zu jener glücklichen Generation, die als erste vom beginnenden Lebenslauf-Boom profitierte. Während unsere Altvorderen, falls sie denn überhaupt schon Sport trieben, sich die Knie noch auf grob gekiesten Turnplätzen blutig schlugen, fand bei uns die Leibeserziehung in freier Wildbahn statt. Und zwar mittels einer streng wissenschaftlich konzipierten Reihe ganzheitlicher Bewegungsabläufe, die sich mittlerweile samt und sonders als Bausteine einer erfolgreichen Zukunft erwiesen haben.

Zweifellos werden sich auch der leicht geneigte Leser und die nicht mehr so trainierte Leserin noch an die eine oder andere dieser gleichzeitig muskel- und charakterbildenden Vita-Parcours-Übungen erinnern. Etwa an den Klassiker «Treppensteigen an Ort» (Übung Nr. 12, mindestens 10-mal) oder an «Hüpfen über Hindernisse» (Nr. 6, je 5-mal) – sind das nicht Sinnbilder eines kollektiven Fortschritts?! Oder denken Sie an «Hochhangeln an schwebender Leiter» (Nr. 19, 2-mal) – gibt es eine bessere Anleitung zum Karrieresprung?! Denken Sie an «Beinkreisen im Stand» (Nr. 15, 30 Sekunden) oder an «Balancieren auf Balken» (Nr. 20, 3-mal) – sind das nicht ideale Lernhilfen zur Stressbewältigung, zur Erlangung von krisenfester Selbstbeherrschung?! Ganz zu schweigen vom guten alten «Rumpfbeugen vorwärts» (Nr. 2, 10-mal), welches ich selber auch heute noch hin und wieder und übrigens mit gutem Erfolg etwa bei der Begrüßung von Verwaltungsräten anwende.

All jene jungen Menschen, die wie ich zwischen all diesen positiven hellblauen Merktafeln im saftig wuchernden Wald aufwuchsen, die stehen nun, rund dreißig Jahre später, mit beiden Beinen auf dem fruchtbaren Schweizer Boden und holen aus ihm und aus sich das Letzte heraus. Ein einig Volk von Birken sind wir, stämmig, gesund und unbeugsam gegenüber den Holzfällern dieser Welt. Nicht zufällig stellen gerade wir, die Pioniergeneration des Vita-Parcours-Gedankens, wir, die im Kopf ausgelüfteten, bestens durchbluteten 1960er Jahrgänge, heute auch die besten Abteilungsleiter, die motiviertesten Fernsehmoderatoren, die jüngsten Bundesrätinnen, die meisten Veloklub-Präsidenten und die solidesten Eigenheimbauer im Land. Alles nämlich nur eine Frage des Lebenslaufes.

In diesem Sinne, Freunde und Kameradinnen, ihr jungen und alten Gewächshausathleten: Lasst diese degenerierten Rudermaschinen stehen! Schmeißt die debilen Schweißfließbänder zum Sperrgut! Und dann auf in die Zukunft! Ab in den Wald!

2:2 Das Unterhosenproblem

Das größte Problem stellt eindeutig die Unterhose dar. Spätestens bei der Unterhose trennt sich die Spreu vom Weizen und der Sportler vom Weichling.

Der echte Sportler, der so richtig spitzenmäßige Athlet, schraubt den Slip cool zwischen Daumen und Zeigefinger langsam kniewärts, lässt dann den atmungsaktiven Stoff achtlos über die beinharten Waden zu Boden gleiten, worauf er seine Muskelpakete lässig und gleichmäßig auf dem Massagetisch verteilt. Und schon kann die Messe für seinen begnadeten Körper beginnen.

Mehr schlechte als rechte Sportler dagegen, so richtig mittelprächtige, leicht wabbelbäuchige Feierabend-Athleten wie Sie und ich, wir tun uns in derselben Situation deutlich schwerer. Zwar wären unsere verspannten, falsch trainierten Volkskörper ja durchaus hilfsbedürftig, und wenn wir unsere gefährlich säurehaltigen Muskelstränge auf löchrigen Turnschuhen durch die Gegend schleppen, ist das bereits ein richtiger Risikotransport. Trotzdem wird für uns der Gang zur Sportmassage zum Spießrutenlauf.

Eben wegen des Unterhosenproblems. Das heißt: wegen Sibyll. Das heißt: wegen uns.

Sibyll ist blond und braunäugig und die beste Masseurin weit und breit. Wer jetzt gleich auf anzügliche Ideen kommt, muss ein Mann sein. So wie mein Nachbar, welcher, als ich ihm einmal von Sibylls relaxierenden Künsten vorschwärmte, mit leuchtenden Augen etwas von *halbsidig* murmelte. Oder so wie ein guter Bekannter, einer dieser schnauzbärtigen Triathleten, dem ich Sibyll wegen seiner chronischen Halswirbelhüftschmerzen empfahl. Er habe, erzählte er mir später empört, die *gute Frau* doch bloß zum Abendessen einladen wollen. Und außerdem habe sie ihn ja zuerst angefasst.

Irgendwie haben wir männlichen Teilnehmer, sobald es um oder an unseren geweihten Körper geht, gewisse Schwierigkeiten, gesunde Professionalität zu erkennen. Immer müssen wir im unterbewussten Unterhosenbereich gleich an Professionelle denken. (Hat sicher etwas mit 2000 Jahren Kirche zu tun, dieser Reflex.)

Natürlich ist Sibyll trotz ihrem St. Galler Dialekt objektiv gutaussehend. Doch wer deswegen ihre elegante Praxis in Zollikon mit einem Schmuddel-Etablissement an der Rotwandstraße verwechselt, wird dafür büßen. Solche Typen erledigt Sibyll vor dem Frühstück. Nicht umsonst hat sie schon ganze Eishockey-Nationalmannschaften durchgeknetet, ohne sich auch nur verbal belästigen zu lassen. Nicht umsonst ist ihre Praxis mit beeindruckenden Diplomen tapeziert. Nicht umsonst macht sie wöchentlich ein halbes Dutzend Fortbildungskurse. Und was Sibyll dort lernt, wird dann postwendend anhand von uns Quartier-Rekordhaltern in die Tat umgesetzt. Nachdem wir das Problem mit der Unterhose irgendwie bewältigt haben.

Kaum liege ich heftig angstschweißelnd auf dem Schragen, greift sich Sibyll zuerst meinen skisportgeschädigten Gastrocnemius, arbeitet sich dann zum jaulenden Glutaeus maximus empor, würgt ein wenig den Quadratus lumborum (welcher seit der letzten Federball-Partie flächendeckend weh tut), wühlt sich jetzt über die (infolge zuviel Fußballs) abgenutzten Ab- und Adduktoren, Stabilisatoren, Rotatoren, Flexoren und Extensoren zu den Ohren hinauf, wo sie durch zentrifugales Läppchenziehen in Richtung Peripherie einer vegetativen Dystonie vorbeugt, um dann den (infolge zu vieler Tennisniederlagen) verhärmten Rhomboideus zu traktieren und die grundsätzlich deprimierte Spinascapula zu reanimieren und dem Trapezius seine psychosomatischen Flausen auszutreiben, worauf sie auf dem Weg zu den (durch zuviel Langlauf-Kilometer) mitgenommenen Händen noch en passant die beiden Brachia nudelfertig macht, bevor sie mir zwischen den Fingern die verkümmerten Regenwurmmuskeln langzieht und zum krönenden Abschluss im Nackenbereich den verspannten Sternocleidomastoid, also den seit Wochen hartnäckig streikenden Kopfwender, windelweich schüttelt.

So stelle ich mir das jedenfalls vor, nachdem ich all die wohltuenden Torturen mit Hilfe meines *Ravensburger Anatomie-Atlas zum Anmalen* rekonstruiert habe. Wie eine sibyllinische Sportmassage allerdings in Tat und Wahrheit abläuft, kann ich unmöglich sagen. Denn während der 55 Minuten ist man ja außerstande, etwas anderes als *Au!* oder *Nicht-Au!* zu denken. Und wenn man dann vor lauter Schmerzen und Entspannung, vor Entspannung und Schmerzen kurz mal einschläft und ein paar Augenblicke später durch ein freundliches *Besten Dank!* aufgeschreckt wird und fröhlich und wie fabrikneu von der Opferstätte hüpft, dann denkt man sich: Schon etwas Tolles, so eine Sportmassage! Und meldet sich sogleich freiwillig für kommende Woche zum nächsten Gemetzel an.

Zumal man inzwischen auch die Sache mit der Unterhose wieder verdrängt und vergessen hat: die Frage, ob man das Ding jetzt wie jeder coole Spitzensportler mit der Zehenspitze in die Ecke schmeißen oder es wie jeder normal verklemmte Protestant in Anwesenheit unverheirateter Frauen anbehalten soll.

Tja, meine Probleme möchte ich haben.

3:2 Der Aufguss

Die leistungsfördernde Wirkung der Sauna ist erwiesen, ihre wässrige Wärme als wohltuendes Wunder wissenschaftlich anerkannt. Wurden die Spitzensportler einst in der kühleren Jahreszeit noch einfach möglichst tief in Dul-X getaucht und im Melchfett gewälzt, so findet die heilsame Hitzezufuhr heute mit Vorliebe *nach* dem Wettkampf und in der Sauna statt. Selbst die notorisch kritische Trainerschaft hat inzwischen eingesehen, dass Schweißausbrüche unter Umständen auch ohne damit verbundene Laufarbeit von Nutzen sein können.

Und so sind die verschimmelten Katakomben der Schweizer Sportanlagen in letzter Zeit konsequent zu Wellness-Kellern umgestaltet worden. Die Nasszone auf dem Oltner Eisfeld *Kleinholz* steht nunmehr dem *Saunaland* von Schinznach Bad in nichts mehr nach. Dort, wo im Oerliker Hallenstadion kürzlich noch geschmolzener Käse floss, öffnet jetzt Eukalyptusdampf die blutig geschlagenen Atemwege der Eishockeyspieler. Vom progressiven Biker bis zum reaktionären Abfahrer – alle wedeln sie nach getaner Arbeit wohlig triefend mit dem Birkenzweig.

So verbreitet die Sauna in der weiten Welt des Sportes ist, so verschieden sind die diesbezüglichen Sitten in den einzelnen Ländern. Der Finne benutzt das Saunabad bekanntlich als wohltemperiertes Wohnzimmer, der Deutsche hingegen betrachtet das Schwitzen als Überlebensübung und heizt sich bis zur Selbstauflösung ein. Der Schwede trinkt schneller, als er ausdünsten kann, der Österreicher muss ab 60 Grad zwanghaft Witze erzählen, indes der Italiener am virtuosesten jammert. Der Amerikaner sieht das Schwitzbad als Schlankheitsmittel, während nachweislich schon mehr als ein Franzose versucht hat, auf der zischenden *Pierrade* sein Abendessen zu braten.

Zum eigentlichen Volkssport aber hat es das Saunieren neben Finnland eigentlich nur in der Schweiz gebracht.

Die Gründe dafür liegen auf der Hand. Wir Schweizer lieben ja schließlich einfach alles, was unserem Land in irgendeiner Weise ähnelt: Die Sauna ist ein überblickbarer und damit kontrollierbarer Raum (sic!); die Sauna ist ziemlich teuer und doch nicht wirklich vornehm (sic!); in der Sauna ist der Platz rar, weshalb man sich unter Nachbarn auf die Nerven geht (sic!); in der Sauna sind alle Menschen gleich (sic!); in der Sauna herrscht Demokratie (kein Aufguss ohne Abstimmung – sic!). Außerdem ist das richtige Saunieren letztlich eine reine Frage von Hygiene und Disziplin. Aus diesem Grund hat man hierzulande an den Eingängen der Bäder jeweils einen kleinen Leitfaden mit den fünfzig wichtigsten Vorschriften angebracht. Da finden sich nützliche Hinweise wie: Bitte vor und nach jedem Saunagang duschen (wie auch vor und nach dem Sprung ins Kaltwasserbecken, wie auch vor und nach Benützen der Liegestühle). Um Energieverluste zu vermeiden, bitte die Sauna stets in Gruppen betreten (und sie auch geschlossen wieder verlassen). Bitte nicht nackt auf die Holzbänke sitzen (bitte nicht barfuß auf die Stufen stehen, bitte vor dem Schwitzen die ganze Benutzeroberfläche mit Badetüchern abdecken, und bitte unbedingt auch vereinzelte Schweißtropfen vor Verlassen der Sauna restlos aufwischen). Bitte kein Wort reden (bitte auch nicht singen, bitte nur zurückhaltend stöhnen). Bitte keinen Lesestoff mitbringen (Druckerschwärze!). Bitte das Rasieren wie auch das Mani-, Pedi- und sonstige Küren unterlassen. Bitte den Blick stets gesenkt oder aber streng geradeaus halten, um eine visuelle Belästigung der Mitbenützer(innen) zu vermeiden.

Wie man gerade an dieser gewissen Verkrampftheit bezüglich der Geschlechterfrage ablesen kann, ist die Situation in der Sauna durchaus auch ein Abbild der neueren schweizerischen Gesellschaftsgeschichte. So sind nämlich sowohl das generelle Frauenschwitzrecht wie auch die Koedukation im Nassbereich eher junge Errungenschaften. Die ersten halböffentlichen Hautheizräume entstanden schon in den vierziger Jahren und waren zunächst dem Mannsvolk vorbehalten, was naturgemäß zur Gründung von transpirativen Zirkeln und entsprechenden Machtballungen führte – während Jahrzehnten hat das Raunen in halbdunklen Saunen über das Geschick dieses Staates entschieden. Die Opposition sprach damals hämisch vom *Diktat der Achselhöhlenbewohner*, konnte aber dagegen weiter nichts ausrichten.

Erst 1979 zwang ein Bundesgerichtsurteil den Bademeisterverband dazu, die Sauna allen Bevölkerungsteilen zu öffnen: den Wabbelbäuchigen wie den Waschbrettern, den stillen Genießern wie den militanten Masochistinnen. Tag für Tag, Abend für Abend treffen sich seither Schweizerinnen und Schweizer in der Sauna, weil sie, um mit Alfred Polgar zu sprechen, alleine schwitzen wollen, aber dazu Gesellschaft brauchen.

4:2 Sportwäsche, 60 Grad

Manche Menschen finden Fußball verwirrend, von wegen Offside und so. Andere Menschen halten Biathlon für undurchschaubar: Wer bitte erschießt hier wen und gewinnt dann doch nicht? Wieder andere Menschen sagen, sie kämen beim Cricket nicht draus, vom Baseball ganz zu schweigen. Zugegeben, die Spielregeln des Spitzensports können mitunter anstrengend sein. Allerdings ist auch die spitzfindigste fussballerische Vorteilsauslegung noch trivial verglichen mit dem Regelwerk, das über die volkstümlichste aller Disziplinen wacht: das Waschen.

Nirgendwo sind die Vorschriften so komplex wie bei der Sportwäsche. Nirgendwo sonst kann schon der kleinste Verstoß derart gravierende Konsequenzen nach sich ziehen. Nirgendwo sonst muss auch bei vorbildlichem Verhalten mit einem totalen Desaster gerechnet werden. Das Sportwaschen erfordert mentale Stärke, Reaktionsfähigkeit und Durchhaltewillen. Wer das nicht bringt, gibt sein Thermozeug besser gleich bei Terlinden ab.

«Wash separately!», befiehlt mir zum Beispiel meine Lieblingsfußballhose. Sie ist ein Produkt der britischen Firma Umbro, welche 1996 alle Teilnehmer des Journalisten-Länderspiels England – Schweiz kostenlos einkleidete. Ich mag diese Shorts, weil sie mir damals mit ihrem bequemen Schnitt eine gewagte Direktabnahme zum 1:0 ermöglichten. Ihr chinesisches Polyester hat bis heute dem Schweizer Rasen standgehalten (was ein Wunder ist, da unsere Platzwarte ja statt mit Schlauch und Rechen lieber mit Sand und Schaufel gärtnern). Seit ich sie besitze, habe ich immer gewissenhaft alle ihre inwendigen Vorschriften beachtet. Darum ist meine Hose nach wie vor nicht nur sauber, sondern flick- und fleckenlos rein. Bitte nicht bügeln! Nur nicht schleudern! Niemals chemisch reinigen. Nie über 40 Grad. Und vor allem eben: «Wash separately!»

Meine Umsicht hat mir auch schon Kritik eingetragen. Eine Nachbarin, die an meinem Waschtag «mal schnell eine Maschine einschieben» wollte, nahm mein freundliches, aber bestimmtes Nein zum Anlass, um meine Waschhaltung prinzipiell in Frage zu stellen. Sie finde es einen ökologischen Wahnsinn, sagte sie, dass ich jedes T-Shirt einzeln durch das Sportprogramm jage. Volle 28 Minuten für diese synthetischen Fetzen, das sei ein Hohn, sagte sie. «Und dann womöglich auch noch vorwaschen!»

Ich war natürlich sprachlos. Da steckt diese praktisch fremde Frau (Wegmüller heisst sie) doch ihre glänzende Nase einfach in meine intime Waschsphäre! Nennt mich einen Umweltschädling! Während sie selber unsere Gemeinschaftsmaschine heimlich auskocht! Leer und mit über 100 Grad! Nur aus Angst, ihre fluoreszierenden Polyäthylen-Dessous könnten Fußballer-Fußpilz kriegen. Und dann foltert sie ihre Wäsche mit diesen mörderischen Mega-Perlen. Und zuletzt zerlegt sie unsere original Zuger *Adora* noch in ihre Einzelteile, von der Flüssigwaschmittelschublade bis zum Flausenauffangsieb: Alle Ingredienzien melden sich ostentativ zur Inspektion bereit. Und zum wieder Zusammenbasteln. Und zwei Stunden später geht's dann ans Bodenaufwischen. Weil man beim Rückbau der *Adora* jedes Mal mindestens einen super sauberen, aber eben offenen Schleusendeckel übersieht.

So kann natürlich auch ein Sportwäsche-Profi aus dem Konzept geraten. Etwa letzten Februar. Die Skisaison war noch in vollem Gang, und gleichzeitig haben wir mit dem

FC schon wieder draußen trainiert. Resultat: Berge von schweißelnder Sportwäsche, bis zur Unkenntlichkeit verdreckt. Da konntest du den Regentrainer *Kappa Pro* (30 Grad, «Do not soak») kaum mehr vom Biker-Dress *Löffler Transtex* («Do not wring», «Keep away from fire») unterscheiden. Kam erschwerend hinzu: wenig Zeit, weil gestern noch Volkslanglauf in Einsiedeln, morgen aber schon wieder Unihockey in Engstringen. Und wer lässt dich außerhalb des Turnus auch nur für eine ultrakurze Sportwäsche an die *Adora* ran? Sicher nicht die Wegmüller.

Also hast du bald darauf einen Superstress und verlierst mit den Nerven die Übersicht. Wirfst an deinem Waschtag einfach Kraut und Rüben in die Trommel: dein Lieblingsveloleibchen *Oliver Viscosuisse* (nur Handwäsche) und den *Helly-Hansen*-Pulli (40 Grad, «Avoid drying in sunlight»), deine blutigen Schienbeinschoner («Dry cleaning only») und die warme, wenn auch schon leicht geschrumpfte *Fischer*-Mütze ... Ich kann nicht mehr genau sagen, wann, wie und warum. Aber plötzlich sah ich überall nur noch Buntwäsche. Drückte reflexartig auf die 60-Grad-Taste. Starrte 92 Minuten lang in den Strudel hinein. Mit Vorwaschen.

Tja, Niederlagen gehören eben zum Wettkampfsport. Und viel wäre wohl gar nicht passiert, wenn mir nicht auch noch meine alte Schweizer Fahne in die vereinigte Sportwäsche geraten wäre. Solider Stoff zwar, aber halt doch knallrotes Baumwollgemisch: «Laver à l'eau», «Ne pas laisser tremper», «Ne pas tordre». Ganz zu schweigen von: «Wash with similar colours».

Auf dem Vita-Parcours sagen sie jetzt halt *Pink Panther* zu mir. Und den Langlaufanzug bekommt mein Göttibub zu Weihnachten.

5:2 Magern mit Nuttli

Die erwachsene Schweizer Bevölkerung lässt sich in drei Gruppen aufteilen. Zur ersten gehören die Menschen, die sich naturgemäß am Morgen wägen. Zur zweiten Gruppe gehören jene Leute, die es trotz schwer wiegendem Magen lieber abends tun, während die dritte Fraktion ein paar Exzentriker umfasst, die ihr Gewicht bloß jeden Montag oder immer nur am Monatsersten oder überhaupt nie feststellen. Und dann gibt es noch Nuttli. Sie wissen schon: *der* Jean Nuttli.

Ich selber gehöre zu den Normalos, also zur ersten Gruppe. Jeden Morgen, nachdem der Wecker zum Tagwerk gerufen hat, marschiere ich auf die Toilette, um den Flüssigkeitshaushalt meines Körpers auf ein Minimum zu reduzieren. Dann geht's unter die Dusche, wo ich unter einem straffend kalten Wasserstrahl im Geiste die gewichtsspezifischen Faktoren bei der Nahrungsaufnahme des vorangegangenen Tages addiere. *Frühstück:* solide (Bio-Müesli mit Migros-Heidelbeeren). *Mittag:* betont defensiv (Tomaten/ Mozzarella). *Abendessen:* ideal (ungebundene Kürbissuppe, Kamillentee). *Fazit:* Bis zu jenem Zeitpunkt wäre es noch denkbar gewesen, dass ich es mit meinem heutigen Morgen-Messwert unter die Top 50 meiner Jahresbestenliste schaffe. Nur hat mich gestern, kurz vor dem Zubettgehen, am Rande eines Fernsehkrimis dann leider ein herber Rotwein-und-Willisauer-Ringli-Rückschlag ereilt. Womit ich heute früh im günstigsten Fall auf dem Niveau des Vortages abschließen werde.

Betreten steige ich aus der Duschkabine und drehe das Radio an. Und zwar laut. Ich habe es nicht gern, wenn man mir beim Wägen zuhört. Ich rubble mich bis auf den letzten Tropfen trocken, lege den Bademantel weg, kicke gegen den Auslösemechanismus meiner *Soehnle*-Präzisionswaage, setze Fuß um Fuß auf die Tragfläche und weiß, obwohl momentan auf dem Display noch harmlos zwei Nullen blinken, was jetzt gleich kommen wird: acht, zwei, zwei. Manche werden jetzt sagen, 82,2 seien rein gar nichts. Aber 82,2 sind genau zehn Kilo über dem von Boss und Armani empfohlenen Männer-Model-Normalgewicht. Und ob ich mir dick vorkomme, bestimme ich immer noch selber.

Auf DRS 1 läuft gerade die Sendung *Morgenstund hat Gold im Mund*, und ich bin bereits stinksauer. «So kann es nicht weitergehen, du fleischkäsiges Phlegma!» fauche ich meine unglückliche Visage im Spiegel an. Und gelobe, während ich angewidert an meinem Front-Airbag herumknete, sofortige Besserung. Natürlich weiß ich, dass sich diese deprimierende Szene nicht nur in diesem, sondern in Hunderttausenden von Haushalten hierzulande allmorgendlich wiederholt. Weil die große Mehrheit der Schweizer mit Gewichtsproblemen kämpft, steigt der Souverän im Morgengrauen nahezu kollektiv auf die Waage, voller Hoffnung, dass die läuternde Nacht vielleicht ein paar Kilos wegverdaut haben könnte. Was natürlich nie der Fall ist. Weshalb wir dann den ganzen Tag so dreinschauen, wie wir dreinschauen. Wir alle, außer Nuttli. Sie wissen schon: *unser* Jean Nuttli.

Jean Nuttli ist – man konnte es dieser Tage in allen Zeitungen lesen – der neue nationale Hoffnungsträger. Dieser gelernte Karosserielackierer aus dem fernen Kriens war einst ein braver Amateur-Radrennfahrer, ein ziemlich viel versprechender sogar, wenn auch vielleicht ein etwas pummeliger. Und Nuttlis Hang zum Pummeligen nahm noch zu, als er eine Weile lang irgendwie keine rechte Lust mehr aufs Velofahren hatte und sich statt dessen fast nur noch mit dem Kiefer, nämlich beim Essen bewegte. Dementsprechend musste Nuttli eines Morgens feststellen, dass ihm auf der Waage die Ziffern eins, zwo und fünf entgegenleuchteten. 125 Kilo auf nüchternen Magen! Kein Wunder, sagte sich auch Nuttli, was man sich halt so sagt in in solchen Situationen: «So kann es nicht weitergehen, Nuttli!»

Ganz im Gegensatz zu uns gewöhnlich missmutigen Morgenwägern sagte Nuttli das aber nicht nur, sondern er tat auch etwas. Er setzte sich nämlich auf den Velo-Hometrainer und strampelte volle vier Monate lang! Immer an Ort und immer zwischen zwo und sieben Stunden am Tag. Dazwischen aß er einen Gemüseteller und strampelte wieder weiter. So lange, bis er schließlich nur noch eine halbe Portion Nuttli war (66 Kilo), dafür wieder ein ganzer Radrennfahrer. Nur wenig später stellte Nuttli im 24-Stunden-Rennen von Schötz mit zwei Kollegen einen Guinness-Book-Weltrekord auf. Und letzte Woche hätte er dann in Frankreich draußen auf Anhieb fast die Weltmeisterschaft im Zeitfahren gewonnen.

Entscheidend ist aber, dass Nuttli uns schwermütigen Schweizer Schwergewichten den Weg geebnet hat. Was nützen uns astrale Pseudovorbilder wie Martina Hingis? Was lernen wir aus den Toren von Stéphane Chapuisat? Nur dank Jean Nuttli, dessen Name inskünftig im selben Atemzug mit Friedrich Ludwig Jahn, Jack Günthardt und Jane Fonda genannt sei, wissen wir nun: Es ist möglich! Fort mit Nutella, Leute, folgen wir Nuttli!

0:3

ERZIEHUNG & ERTÜCHTIGUNG

1:3 Aufstehen (bis zum Umfallen)

Wozu steht der Mensch manchmal mitten in der Nacht urplötzlich freiwillig auf? Nun, der junge Mensch tut das hin und wieder, um Gartentörchen ins Tobel zu werfen oder Abfallcontainer anzuzünden (an Schulsilvestern). Oder er ist möglicherweise verliebt und möchte mitunter, zum Beispiel mit siebzehn, genau um drei Uhr fünfzehn einen romantischen Brief verfassen. Beim älteren, reiferen Menschen hingegen gibt es eigentlich nur noch einen Anlass für das nächtliche Aufstehen ohne Blasendruck oder Schlaflosigkeit: die Direktübertragung eines Boxkampfs.

Das reflexartige und zugleich rituelle Aufstehen wegen Boxkämpfen, wegen sogenannter Jahrhundert-Fights, gilt als Massenphänomen. Ich selber bin schon in frühesten Jahren dahingehend sozialisiert worden, dass jeder nächtliche Auftritt von Cassius Clay im fernen Amerika hier bei uns automatisch zu früher Tagwache führte. Da hieß es routinemäßig: raus aus den Federn, rein in die Trainerhosen und runter über zwei Treppen zu Sepp.

Sepp war der einzige Hausbewohner mit funktionierendem Fernsehgerät sowie ausreichend Sportsgeist und Geschichtsbewusstsein. Bei Sepp und seiner Familie war man buchstäblich zu jeder Tages- und Nachtzeit willkommen. Erstens, weil Sepp als Puschlaver naturgemäß ein gastlicher Mensch ist. Zweitens, weil seinerzeit sowieso die halbe Menschheit ständig in der Nacht aufstand, zumal meistens irgendwo irgendwelche Mondraketen landeten oder Nixon eine Rücktrittsrede hielt oder eben Cassius Clay einen schlecht beratenen Herausforderer in dessen Bestandteile zerlegte.

So saß man also mit Sepp, Sirup und spanischen Nüssli viele Nächte über 15 Runden vor der schwarzweiß flimmernden Kiste und fühlte sich als Zeuge eines wichtigen, eines womöglich historischen, jedenfalls eines über Tagwerk und Nachtruhe erhabenen Augenblicks.

Um dem Glücksgefühl jener nunmehr gemeinsam mit Clay samt Ali versunkenen Jahre nachzuspüren, bin ich in der Nacht vom letzten Samstag auf Sonntag wieder einmal aufgestanden. Alles war von langer Hand minuziös vorbereitet: die Adidas-Schlarpen, der Himbeersirup, die Nüssli … – nur Sepp fehlte, weil er inzwischen wieder weg-, nämlich zurück ins Puschlav gezogen ist. In Zürich aber läutete um Punkt vier Uhr siebenundfünfzig fröhlich der Wecker, und drei Minuten später wurde ich, das «liebe Publikum zu Hause vor dem Bildschirm», vom alten Hans Jucker begrüßt mit seiner scheppernden Stimme, die uns seit Anbeginn des telegenen Faustkampfes von der Ästhetik des männlichen Kinnhakens kündet. Allerdings wartete der gute Jucker diesmal gleich mit einer betrüblichen Nachricht auf: Leider hätten die sportfreundlichen Zuschauer den ersten Höhepunkt dieser Boxnacht aller Boxnächte soeben verpasst, da im Vorkampf der Boxer X den Boxer Y dummerweise genau zehn Sekunden vor Beginn dieser Übertragung auf die Bretter geschickt habe.

Ich muss zugeben, dass mich dieses Versäumnis ziemlich verärgerte. Schließlich war ich ja aufgestanden, um jenen Leuten beim Umfallen, keineswegs aber einfach beim Daliegen zuzusehen. Um so gespannter wartete man nun natürlich auf den Hauptkampf. An diesem wollte sich einerseits ein Weltbürger namens Lewis beteiligen, der laut Jucker als Jamaicaner geboren, als Kanadier Olympiasieger, schließlich als Engländer Weltmeister fast aller Klassen geworden war und noch bei seiner Mutter wohnte, sowie anderseits ein Amerikaner namens Holyfield, dem offenbar einst von einem anderen Amerikaner ein Ohr teilweise abgebissen worden war, was ihn aber in seinem festen Glauben nur bestärkte, dass Gott wenn schon nicht Amerikaner, so doch fraglos auf der Seite amerikanischer Boxweltmeister sein müsse. Im weiteren wurde mir von Herrn Jucker anvertraut, dass Herr Lewis im Sinn hatte, Herrn Heiligfeld nicht nur zu bezwingen, sondern ihn so bald als möglich ins Land der bösen Boxträume zu schicken, weshalb ich nun wirklich hellwach war, als dieser letzte Jahrhundertkampf des Jahrtausends endlich anfing.

Doch, was soll ich sagen: Es wurde eine herbe Enttäuschung. Die beiden Boxer begannen langsam und wurden immer lahmer. Schon nach wenigen Runden mussten sie einander vor Erschöpfung minutenlang an den Schultern halten, ihre Schritte wurden schwer und schwerer, fast so schwer wie meine Augenlider, die sich senkten, bis das Bild plötzlich schwarzweiß wurde und von rechts Cassius Clay in den Ring getänzelt kam. Natürlich schlug der Champ sogleich mit einer blitzschnellen Links-Rechts-Kombination sowohl Lewis als auch Holyfield bewusstlos, worauf er auch dem Kampfrichter eine rechte Gerade verpasste und dann allen an den Seilen hängenden Betreuern die Nasen zermalmte.

Jetzt schien Muhammed alleiniger Herr des Ringes zu sein – als sich von hinten plötzlich ein Astronaut anschlich und Clay auf die ganz fiese Tour mit spitzen Mondschuhen in die Kniekehle trat, so dass der würdigste aller Weltmeister jämmerlich zusammensackte und sich wimmernd am Boden wand, während ihn Armstrong unter dem blutrünstigen Gebrüll des Publikums gnadenlos auszählte:

»Zwölf ... acht, neun, zehn, aus! Der Boxsport ist tot – ein kleiner Tritt für mich, aber ein großer Schritt ...!«

Wie erschlagen wachte ich am Sonntag morgen in meinem Fernsehstuhl auf. Die Sonne schien durchs Fenster, über den Bildschirm flimmerte ein Skirennen. Von draußen riefen die Kirchenglocken zum Gottesdienst. Eigentlich, dachte ich mir, könnte ich heute Sepp besuchen.

2:3 Frühturnen

Damen und Herren, so kann es nicht weitergehen! Nach der erfolgreichen Einführung von Frühinformatik und Frühenglisch müssen nun endlich auch im Frühturnen neue Wege gegangen werden. Gerade der scheinbar zweitrangige Sektor der schulischen Leibungsübungen schreit doch nach einer marktgerechten Modernisierung. Dies umso mehr, als der zuständige Lehrkörper es bisher beileibe nicht geschafft hat, aus der laufenden Unterrichtsreform von selber die naheliegenden Konsequenzen zu ziehen.

Damen und Herren, es ist traurig, aber wahr: Noch immer gibt es in diesem Land Primarlehrerinnen, die verbissen an Reck und Barren festhalten. Noch immer baumeln in unseren teuren Dreifachhallen überbezahlte Pädagogen an Ringen von der Decke, die glauben, der allgemeine Aufschwung habe vor allem mit Bauchmuskeln und der Fortschritt etwas mit Weitsprung zu tun. Nicht lachen, Damen und Herren, solange landauf, landab noch derartige Dilettanten am Werk sind, die unsere Jüngsten ausgerechnet mit Völkerball zur Werktätigkeit erziehen wollen.

Nichts gegen einen gesunden Sozialdarwinismus, Damen und Herren, aber doch ein wenig zielgerichtet, wenn ich bitten darf! Nichts gegen Wettbewerb, liebe Lehrerinnen, aber frei muss er sein. Denn wie, bitte, sollen die Kinder beim Ballspielen etwas fürs Arbeitsleben lernen, wenn vor jedem Match ums Verrecken zwei möglichst gleich gute Mannschaften aufgestellt werden müssen? Wieso werden im Schulturnen die Besten ständig gegeneinander ausgespielt, wo sich heutzutage doch sonst die Stärksten weltweit zusammenschließen?

Es hat doch einfach keinen Sinn, so zu tun, als kämen unsere Kinder immer noch direkt aus dem Sandkasten in die Primarschule gekrabbelt, um dort monatelang Schuhbinden und Schnürlischrift zu lernen. Durchschnittliche Erstklässler sind heute mental zu allem bereit. Sie sprechen zwar möglicherweise noch kaum hochdeutsch, dafür schon fließend digital. Sie gehen vielleicht nicht mehr zur Sonntagsschule, dafür wissen sie: Im Anfang war das Word.

Es steht jedenfalls außer Frage, Damen und Herren, dass unseren Kindern der durchtrainierte Tastatursinn bei der bevorstehenden Einschulung ins berufsorientierte Frühdasein sehr zugute kommen wird. Und wer seine ersten sechs Lebensjahre praktisch pausenlos einen Joystick in der Hand gehalten hat, wird wohl auch der Maus gehörig Beine machen können.

Nein, nicht lachen, Damen und Herren! Es gibt nachweislich in diesem Land noch Menschen, die ihren Nachwuchs statt am Bildschirm lieber mehr im Wald aufwachsen sähen. Erinnern Sie sich noch, Damen und Herren, an jenen Birkenstock-Papi, der am letzten Elternabend während unserer Reform-Diskussion ständig seinen alten Turnlehrer ins Feld geführt hat? Was hat uns der gute Mann doch alles vom nachhaltigen Nutzen des kollektiven Dauerlaufs erzählt! Oder vom emotionalen Wert des vorpubertären Versteckspielens! Am liebsten hätte ich diesem Tagträumer geradeaus ins Gesicht gesagt: Wenn deine Schulklasse damals etwas weniger an der frischen Luft gewesen wäre, würdest du heute nicht in einer Sozialwohnung hocken! Ja, das fehlte noch, dass diese antiautoritäre Seuche ausgerechnet in der Turnhalle ein Comeback feiert. Da bin ich doch, hi, hi, noch eher für die Maxime des kollektiven Hantelns! …

Ein guter Wortwitz, gell, meine Damen und Herren. Nur kommt man heute ja leider auch mit dem reinen Drill nicht mehr weiter. Die Kinderchen sind zwar klar im Kopf und so wach, wie es ihre Eltern im ganzen Leben nie waren. Andererseits treten halt schon die Sechsjährigen mit üblen Verspannungen im Schulter- und Nackenbereich zum Schuldienst an. Nicht wenige Schulanfänger bezahlen ihre stupende Fingerfertigkeit auch mit Frühformen von Arthrose. Andere haben sich, kaum sind die Windeln weg, ihre Hinterteile vor einer Spielkonsole wund gesessen. Und bei den allermeisten lässt die Durchblutung in den ungebrauchten Beinen krass zu wünschen übrig. Schon deshalb ist es heute ja völlig undenkbar, mit diesen etwas wackeligen Erstklässlern eine Turnstunde auf so etwas Unberechenbarem wie Naturboden abzuhalten.

Auf diese komplexe Konstellation hat ein verantwortungsbewusster Vorturner seinen Unterricht jetzt halt gezielt abzustimmen. Mit etwas gutem Willen, Damen und Herren, müsste es ja doch wohl möglich sein, für die kleinen Frühinvaliden eine verkraftbare Bewegungstherapie zu ersinnen. Eine, welche die maroden Körperchen schont, dabei aber ihre bereits erfreuliche Bereitschaft zum erfolgsorientierten Handeln weiter unterstützt. Vielleicht sollte man sich in der Primarschule vermehrt an der Kultur der Fitnessklubs orientieren. Statt Barren lieber Bodytoning (Straffung der Problemzonen). Statt Mattenlauf nur noch Mixed Impact (Beinwirbel im Sitzen, die Finger können weiter tippen).

Nicht lachen, Damen und Herren, lieber etwas mehr Phantasie. Liberale Lösungen lauern überall!

3:3 Auf der Ersatzbank

In München sitzt ein Schweizer Fußballspieler momentan auf der Ersatzbank. Sein Schicksal bewegt unser Land, und zwar täglich, obwohl der gute Mann in München ja eigentlich höchstens ein- bis zweimal die Woche auf der Ersatzbank sitzt. Wir haben es eben gar nicht gern, wenn man unsere Besten im Ausland einfach so hintanstellt, wenn unsere Stärksten einfach so ersatzgesetzt werden. Schon gar nicht unser Mann in München, unser Nationalmannschaftskapitän.

Nicht nur für die Besten und Stärksten, sondern schon an und für sich ist die Ersatzbank eine seelische Grausamkeit. Auf Französisch heißt Ersatzbank *banc de touche*. Das kommt von *pierre de touche*, zu Deutsch: Prüfstein. Jede Ersatzbank ist eine Prüfung, hart wie Stein. Wer auf ihr sitzt, wird Schaden nehmen. Wer etwas auf sich hält, hält sie nicht aus. Wer etwas auf sich gibt, gibt sich freiwillig nicht mit ihr ab.

Ein richtiger schweizerischer Fußballspieler steht deshalb immer in der Startaufstellung. Von dort aus läuft er mindestens neunzig Minuten lang. Allenfalls lässt er sich kurz vor dem Schlusspfiff auswechseln. So erhält das Publikum Gelegenheit, ihm einzeln oder auch vereinzelt zu applaudieren. Aber auch nach seinem Abgang wird sich der richtige schweizerische Fußballer niemals einfach so auf die Ersatzbank setzen. Er wird unter dem tosenden Applaus auf geradem Wege duschen gehen.

Auf der Ersatzbank sitzen (neben dem Trainer) ausschließlich willenlose Zwangszuschauer. Richtige Schweizer und richtige Fußballer hingegen haben es gar nicht gern, wenn man sie zum Zuschauen zwingt. Ob wir mitmachen oder zuschauen, entscheiden wir immer noch selber. Ob im Fußball oder im Leben. Ob in München oder in Brüssel. Richtige Schweizer und richtige Fußballer spielen immer. Wenn es sein muss, auch allein.

Die erste Ersatzbank, auf der ich saß, war eine Treppe. Sie führte vom Kindergarten über drei Tritte auf einen kleinen Kiesplatz hinab. Dort wurde in der großen Pause Fußball gespielt. Es war beileibe kein großer Fußball, der da gespielt wurde, aber ein Fußball nur für Große. *Sechste gegen den Rest* lautete die Losung, also: die großen Sechstklässler gegen die kleineren Primarschüler. Für kleinste Kindergärtler wie mich war da kein Platz. Ich saß altershalber auf der Ersatzbank. Auch wenn ich im Grunde schon damals objektiv der Beste war. Auch wenn ich stampfte und tobte vor Wut, auf meinem dritten Treppentritt, am Rand des Schulkiesplatzes.

Diese frühe Ersatzbankerfahrung hat mich fürs Leben geprägt. *Nie mehr Ersatzbank!* schwor ich mir damals im Kindergarten, und ich habe mich bis heute daran gehalten. Schon in der ersten Klasse saß ich in der ersten Reihe, und in der großen Pause spielte ich im Sturm. Mit sieben war ich Schweizer Meister, mit neun Pfadfinderführer, mit dreizehn Sänger einer Rockband. Mit siebzehn machte ich Matura, studierte Philosophie und Rechnungswesen, ging mit zwanzig in die Politik und wurde Spitzenkandidat. Mit vierundzwanzig erfand ich einen Alleskleber, *Omnilit*, und ging an die Börse. Bald darauf hatte ich meine erste Million, und wenig später ging ich als Erster meiner Generation in Pension.

So habe ich heute genügend Zeit, mir Gedanken zu machen. Über Gott und die Welt. Über die Erde und die Ersatzbank. Manchmal denke ich mir: Was wäre gewesen, hätte ich von Anfang an in der großen Pause gespielt? Aber dann kommt zum Glück Fußball im Fernsehen, direkt aus München, und der Sprecher sagt: Kann sein, meine Damen und Herren, kann sein, dass unser Mann schon heute Abend wieder in der Startaufstellung steht.

4:3 Starten mit Paul

Von Zeit zu Zeit muss der Mensch eine Startnummer tragen. Das gehört ganz einfach zu seiner Natur. Man befestigt die Nummer mit vier Sicherheitsnadeln quer über der Brust, nicht zu straff, nicht zu lasch. Und schon hat man eine neue Identität: Gestatten Sie, 522.

Nehmen wir zum Beispiel meinen Nachbarn Paul. Normalerweise sieht man ihn am Morgen im Halbschlaf aus seiner Wohnung klettern. Die Augen sind noch verklebt, die Haare wild wie ein Waldstück nach dem Lothar. Und auch mehrere Tassen Kaffee können nichts daran ändern, dass er bis zum frühen Nachmittag unansprechbar bleibt.

Es sei denn, Paul trägt unter seinem Adidas-Trainer-Oberteil eine Startnummer. Dann ist er schon im Morgengrauen voll da. Dann ist er ein anderer Mensch. So wie heute: mit seiner 522.

Wer wie Paul und ich so eine 522 auf sich trägt, bewegt sich grundlegend anders als jemand ohne 522. Selbst wenn der Wettkampf noch nicht begonnen hat, geht der Nummernträger agil, selbstbewusst und mit erhöhter Kadenz durchs Leben. Da kann sich die Zeit bis zum Start noch vier, fünf Stunden oder auch mehrere Tage hinziehen – nie wird man ihn mit den Händen auf dem Rücken an Bächen oder Blumenbeeten flanieren sehen. Eine Nummer 522 geht immerzu zielgerichtet, geradeaus. Ihr Blick haftet entweder auf dem Boden (das fördert die Konzentration). Oder es spiegelt sich in ihren Augen die Sonne am Horizont (eine Vision der bevorstehenden Höchstleistung).

Entsprechend ist es undenkbar, dass jemand, der eine Startnummer trägt, so «zwischendurch» etwas Altpapier bündelt. Oder dass er sich die Wartezeit bis zum Start mit seiner Steuererklärung vertreibt. Von einer Startnummer 522 sind im Alltag prinzipiell weder einfache Handreichungen noch gemeinnützige Hilfeleistungen zu erwarten. Weil es während des Startnummerntragens den Alltag nicht mehr gibt.

Ist eine Nummer 522 einmal gerade nicht in Bewegung, so ist sie anderweitig in Wettkampfvorbereitung begriffen. Paul und ich zum Beispiel sitzen heute Morgen mit unseren Nummern nur scheinbar entspannt im Kaffeehaus. In Tat und Wahrheit beschäftigen wir uns mit einer möglichst exakten Nahrungsaufnahme. In den Stunden vor dem Start ist jede noch so marginale Mahlzeit von entscheidender Bedeutung – auch diese Bouillon mit Ei, die Paul und ich soeben möglichst organisch in unsere Münder löffeln.

«Tisch 7, die Rechnung für die beiden Herren mit der 522», ruft die Wirtin auf unser Winken hin. Sie kennt uns und weiß auch sonst mit Startnummern umzugehen: Wer eine 522 trägt, möchte von Nichtnummerierten grundsätzlich nicht angesprochen werden. Und wer selber von einer 522 angesprochen wird, sollte in der Konversation größte Zurückhaltung üben: Bitte nur die gestellten Fragen beantworten! Bitte keinesfalls politische oder gesellschaftliche Reizthemen anschneiden! Jegliche Ablenkung tangiert die Leistungskurve.

Komplexer wird dieser an sich doch allgemein verständliche Verhaltenskodex, wenn zwei (oder mehr) Startnummern schon vor dem Start aufeinander treffen. Wer soll zuerst grüßen? Welche Startnummer soll welcher den Vortritt lassen, im Tram oder an der Toilettentür?

In den meisten Disziplinen wird die Hierarchie unter den Nummern ja von den Ziffern selber geregelt. Nur ist das Ordnungsprinzip oftmals nicht eben evident: Mag die Nr. 1 in einer Radrundfahrt die Brust des Titelhalters zieren, so kennzeichnet die selbe Zahl in einem Langlauf-Wettbewerb den Neuling, den Außenseiter. Und die armen Tennisspieler müssen überhaupt ohne Nummer in die Öffentlichkeit.

Noch komplexer wird es für Außenstehende, wenn man sie mit zwei (oder mehr) genau gleich lautenden Startnummern konfrontiert. Denn was, bitte, soll sich jemand denken, der plötzlich Paul und mich mit je einer 522 auf der Brust auf sich zukommen sieht? Stirnrunzelnd wird er uns mustern und sich zwangsläufig fragen, wer von uns beiden wohl der Köpenick sei. Nur gut, weiß der Verwirrte nicht, dass sich zur selben Stunde auch noch Franz und Gaby, Rolf und Monika, Beatrice, Marlies, Markus, Matthias, Christoph, Godi und Pierre mit ihren Nummern 522 auf ihren Start vorbereiten.

Die Startnummer hat ohne Frage hierzulande richtiggehend Konjunktur. Noch vor nicht so langer Zeit ging der Schweizer Mann am Sonntag nur im Militärgewand außer Haus. Und seine Frau trug dazu Straßburger Spitzen. Heute tragen beide Startnummern und treten fast jedes Wochenende gegen einander an. Und gegen alle andern. Sei es am Boden, in der Luft oder zu Wasser.

Manche Menschen mögen im Aufkommen der durchnummerierten, der durchstartenden Gesellschaft weitere Anzeichen für den Untergang des Abendlandes sehen. Paul und ich hingegen, wir sind ganz einfach wunsch- und kraftlos glücklich, wenn wir etwas später am Tag, im Ziel, unsere nass geschwitzte 522 ablegen. Am Abend werden wir unsere Startnummer trocknen, ein wenig glätten, allerdings niemals waschen und sie dann auf den Estrich in eine Schachtel zu den andern Startnummern legen. 74 Stück sind es inzwischen, und jede hat ihre eigene Geschichte.

Eines Tages wird sie vielleicht jemand hören wollen.

5:3 Warten auf Godi

Nicht aufregen. Nur nicht aufregen. Der kommt schon.

Ungefähr um elf Uhr, hat Rolf gesagt, werde Godi kommen, und jetzt ist es zwar gleich halb zwölf, aber der Rolf muss es ja wissen. Sonst wäre er ja kaum der Captain unserer Mannschaft, der Rolf.

Nicht aufregen. Der kommt schon noch. Nur nicht aufregen.

Ich weiss nicht, ob Sie wissen, wie das ist: Da hast du wochenlang Tag und Nacht auf diesen Tag trainiert, und jetzt dieses Warten. So allzeit startbereit. Dieses nervöse Herumtänzeln. Dieses Hinundhertigern. Dieses zwanghafte Durchatmen. Die Muskelpakete vibrieren, der mentale Motor ist auf hundert, der Puls hämmert schon im Stand mit hundertfünfzig Sachen. Du bist wie ein Amok in der Gummizelle: massenhaft Energie, aber du darfst nicht raus.

Elf Uhr vierzig! Ob er sich verlaufen hat, der Godi, irgendwo im Wald, dort oben auf dem Üetli? Wäre nicht der erste, dem so was an der Sola passiert. Aber das Letzte wäre es, verteli! Für was bin ich denn so früh aufgestanden, am Weekend, he?! Sicher nicht um mir hier in Albisrieden das Abendrot anzuschauen! Sondern damit ich mich seriös vorbereiten kann: Erstens muss der Körper nämlich mindestens drei Stunden vor dem Wettkampf wach sein. Zweitens musst du spätestens 90 Minuten vorher das Futter eingeworfen haben. Drittens musst du dich während der letzten Stunde vor dem Start pausenlos warmlaufen sowie positiv denken. Nur so kann man explodieren. Nur so kann man ans Limit. Nur so kann man dem Godi so richtig die Kappe waschen, falls er heute vielleicht doch noch mal hier aufzutauchen geruht. Aber wahrscheinlich sitzt dieser schweißfüßige Sonntagsjogger ja gerade auf einer Sonnenterrasse beim zweiten Zmorge und hat die Startnummer an der Garderobe abgegeben.

Nicht aufregen, Alter, nur ruhig jetzt. Sonst stolperst du im Stehen über deine anaerobe Schwelle.

An sich wäre die Sola-Stafette eine Superding. Wenigstens dieses eine Mal pro Jahr ist man hier als Akademiker unter sich. Nichts als *Mentes sanae* in sehnigen Körpern. Fünfhundert Mannschaften à vierzehn Modellathleten. Nur Elite pur. Da siehst du keine bierbäuchigen Büezer. Da haucht dir kein Fendant-Fahnen-Träger feuchte Frauenwitze ins Gesicht. Im Gegenteil. An der Sola vermählt sich die schweizerische Gegenwart mit der europäischen Zukunft vor dem Standesamt eines interdisziplinären Staffellaufes: Hier machen thurgauische Physiker und tschechische Germanisten gemeinsame Sache. Hier ziehen Theologen und Veterinärinnen am gleichen Strick. Hier drücken sich Völkerkundler und Nationalökonomen den Stab in die Hand. Und hier werde ich abgebrochener Nordist demnächst dem Molekularbiologen Godi die Faust geben, wenn er nicht stante pede bei der Übergabe auftaucht. Dieser degenerierte Vorgartenbotaniker.

Die Sola wurde ursprünglich von Napoleon dem Vierten anlässlich der Zürcher Universitätsgründung eingeführt. Die erste Stafette startete am 3. Mai 1875 irgendwo in den mittelländischen Pampas und brachte auf einen Schlag siebenhundert Studierwillige nach Zürich. Das erste Siegerteam stammte aus Bern und begründete damit gleich zu Beginn der Sola-Geschichte eine bis heute anhaltende Dominanz der Provinzler, eine penetrante Vorherrschaft der sogenannten Wochenaufenthalter, die nicht nur unsere Akademiker-Rennen gewinnen, sondern uns auch die Parkplätze wegnehmen, die Kinos überfüllen und die Börse plündern, worauf sie ihre Beute, wenn überhaupt, dann in irgend so einem Kaff hinter den sieben Bergen versteuern oder jedenfalls mindestens fünfzig Meter jenseits der Zürcher Kantonsgrenze. Opportunistische Absahner eben, von Kopf bis Fuß auf Selbstbedienung eingestellt. Lauter so fiese Typen wie Godi, der momentan sicher schon in einer Bündner Badi hockt, weil er heute zufällig keinen Bock hat auf Bewegungsüberschuss. Weiß Gott, wie ich in diese voralpine Agglo-Ansammlung von einer Sola-Mannschaft geraten bin. «Hohenrhätien II», einfach lächerlich.

Elf Uhr neunundfünfzig! High noon.

Ich steh in der Hitze und wart auf den Godi, doch der kommt nicht, kommt nicht. Zwohundertsiebenunddreißig Konkurrenten sind schon da und ihre Ablösungen weg, aber der Godi kommt nicht, kommt nicht. Hier trottet ein hechelnder Hydrologe heran, und dort lässt sich der allerletzte arthrosige Altlateiner ablösen. Nur der Godi kommt und kommt nicht.

Du Charakterlump! werde ich zischen, sobald er auftaucht. Du Kollegenschwein! werde ich ihm entgegenrufen. Du kriechende Kanalratte! würde ich brüllen – wenn nicht tatsächlich soeben meine Startnummer vom Speaker aufgerufen würde. 522, endlich! Und da ist er ja auch schon, unser guter Godi! «Super gemacht, Godi!» schreie ich während der Stabübergabe. «Und das bei dieser Affenhitze! Einfach toll!»

Ich presche los wie Didi Baumann nach dem Zähneputzen. Runter von Albisrieden, im galoppierenden Karacho rüber zur Limmat. Überhole pausenlos lahmende Muskelkater. Beeindruckend, wie ich die zwohundert Höhenmeter den Hönggerberg hinauf spurte! Keine fünfzig Minuten gehen ins Land, und schon laufe ich am Etappenziel in den ETH-Slums ein. Und dort steht ja auch schon der Rolf, der Gute, und winkt mir voller Begeisterung zu: «Super gemacht, Richi!» schreit er. «Und das bei dieser Affenhitze! Einfach toll!»

6:3 Reden am Berg

Guten Tag, meine Damen und Herren, liebe Sportfreunde zu Hause, wir begrüßen Sie im Namen des Schweizer Fernsehens recht herzlich zu dieser ersten großen Bergetappe, zu dieser ersten großen, leider voraussichtlich verregneten Pyrenäenetappe, welche von Pau, wo am Wochenende auch ein wichtiger Rugby-Match stattfand, bis nach Lourdes führt, und zwar über total zwohundertfünf Kilometer, auf denen einiges passieren kann, obwohl manchmal gerade auf diesen großen Etappen weniger passiert, als man meinen könnte, vor allem wenn es derart strätzt wie heute, so dass man in Gstaad alle Tennisspiele abgesagt hat und hier bei uns alle hunderteinundsiebzig noch im Feld verbliebenen Fahrer vom Start weg durch den Regenschutz in die Pedale treten müssen, gut zu sehen beim italienischen Meister Bartoli, der sich seine Pelerine soeben *in voller Fahrt* angezogen hat, meine Damen und Herren, genau wie kürzlich sein Landsmann Cipollini, dem das flatternde Ding im Training in die Speichen geriet, worauf er sich überschlug und man ihm den Kopf nähen musste, weshalb er heute nicht dabei sein kann, der gute Mario, da hätte er doch wirklich besser angehalten, ein Missgeschick ist ja so schnell passiert, selbst wenn das Tempo derart niedrig ist wie momentan auf dieser mit Spannung erwarteten, nur eben verregneten großen Pyrenäenetappe, auf der jetzt Jacky Durand angreift, meine Damen und Herren, keine Tour de France ohne Angriff von Jacky Durand in seinem roten Regenschutz, der Franzose Durand, der ja auch schon mal das gelbe Trikot anhatte, bevor es ihm sein Landsmann Jalabert, der heute bereits zurückgefallen ist, auszog, Jacky, der 1996 als Dopingsünder entlarvt wurde, da war die Saison natürlich kaputt, ein moralischer Schlag, diese achtmonatige Rennpause, aber schon 98 wurde er dann wieder als *kämpferischster Fahrer* der Tour ausgezeichnet und desgleichen 99, als er im Gesamtklassement Letzter wurde, meine Damen und Herren, wobei das schon ein wenig zu denken geben sollte, wenn ein gestandener Profi wie Cipollini im Training wegen eines Regenschutzes stürzt, wo doch jeder Rennfahrer weiß, dass man die Pelerine sauber nach *unten* halten muss, nachdem man sie aus einer der hinteren Taschen gezogen hat, von denen es bei den Schlechtwettertrikots mehrere gibt, sechs an der Zahl, um genau zu sein – da wird Jacky Durand von zwei Verfolgern eingeholt –, und nun, meine Damen und Herren, kreuzen Sie also die Arme vorne, den linken Arm diagonal in den linken Ärmel der Regenjacke und umgekehrt, das heißt, Sie spannen den Schutz seitenverkehrt vor sich auf, die Innenseite gegen sich gedreht, und so brauchen Sie die Arme nur noch über den Kopf zu streifen, und schon haben Sie den ganzen Plastik über dem Körper, außer wenn Sie Hobbyfahrer sind, meine Damen und Herren, denn dann ist das gar nicht zu empfehlen, in diesem Fall halten Sie bei Regen besser an, meine Damen und Herren, zumal Sie ja sicher nicht wollen, dass es Ihnen so geht wie Mario Cipollini, oder?, oder schlimmstenfalls machen Sie es eben wie Zabel, haben Sie das gesehen?, meine Damen und Herren, der Deutsche Zabel, der gestern beim zweiten Zwischensprint eine Flasche Armagnac gewonnen hat!, machen Sie es doch wie Erik Zabel, der sich denkt: Bloß weg mit dem Regenjacken-Ballast!, der sich denkt: Fahren musst du, wenn es kalt ist!, einfach zügig fahren, wobei man das Tempo vielleicht doch etwas dosieren sollte, der Weg ist ja noch weit bis ins Ziel nach Lourdes, was sich heute auch die meisten Favoriten denken, ja, ja, hier sehen wir sie einmal alle gemütlich vereint, meine Damen und Herren, nein, nein, die großen Favoriten lassen sich nicht aus der Ruhe bringen, auch nicht vom Spanier Otxoa und vom Belgier Mattan, die gerade zu Jacky Durand aufschließen, nein, nein, vorerst halten sich die Favoriten noch bedeckt, genau wie der Himmel, ho, ho, tauschen vielleicht ein wenig Familienneuigkeiten aus, zum Beispiel, dass Frau Armstrong, also die Frau von Lance, heute trotz Regen mit Kind und Großeltern die Grotte von Lourdes besuchen will, ja, das ist sicher gut für die Moral des letztjährigen Toursiegers, und auch die Telefonrechnung wird dadurch etwas kleiner, wenn die Frau in Frankreich dabei ist, denn so ganz allein, da kann einem die Zeit doch mitunter sehr lang werden, vor allem, wenn man wie Tourfavorit Lance gerade Kleinkinder hat, was bekanntlich nur ging, weil man ihm damals vor seiner schweren Operation den Samen eingefroren hat, tiefgekühlt, genau wie die Urinproben, die man heute Morgen an der laufenden Tour vorgenommen hat, Urin und Blut von sieben Mannschaften, meine Damen und Herren, erfreulicherweise alles in Ordnung, und jetzt wird der gefrorene Urin also aufbewahrt, nämlich wegen des heute noch schwer messbaren EPO, das teilweise nämlich vom Körper selber ausgeschüttet wird, so wie vielleicht gerade jetzt bei Otxoa und Mattan, die Jacky Durand nun abgehängt haben, weil Otxoa, der sich bestens von der Pause erholt hat, die man ihm wegen eines erhöhten Hämatokritwertes verordnete, wirklich hervorragende Führungsarbeit leistet, aber nicht minder Mattan, der Mann mit den Herzrhythmusstörungen, auch er lässt sich nicht lumpen bei diesem Regenwetter, bei dem es nur eine Frage der Zeit ist, bis auch der Hinterste und Letzte tropfnass ist, trotz so schönen Knielingen, wie sie Jacky Durand heute trägt, die man in voller Fahrt ausziehen kann, auch trotz den eleganten Beinstulpen, die noch fünfzehn Zentimeter länger sind, wobei Hobbyfahrer, meine Damen und Herren, wie gesagt, weder solche Knielinge noch die längeren Beinlinge je in voller Fahrt an- oder gar ausziehen sollten, halten Sie bitte immer an!, meine Damen und Herren, lassen Sie sich Zeit, wie das auch Alex Zülle gerade tut, der hier auf dem Pilgerweg nach Santiago de Compostela gedankenversunken den Anschluss verliert, weil er halt einfach zu wenig sieht bei diesem Sauwetter, während Otxoa und Armstrong jetzt trotz Regen bereits im Ziel sind, ja was war das für eine Etappe!, meine Damen und Herren, was für ein Tag!

7:3 Schweigen im Feld

Fußballspiele geben viel zu reden, kommen aber selber ohne Worte aus. Fußballspiele sind im Prinzip eine stumme Sache. Im Stadion mag Zeter und Mordio herrschen, auf dem Rasen aber wird geschwiegen (sagt das Reglement). Sogar der Schiedsrichter kann, wenn er will, die 90 Minuten wortlos absolvieren. Er lässt seine Trillerpfeife sprechen oder seine Karten – zum Beispiel, wenn die Spieler ständig reden, statt zu spielen. Reden ist gelb im Fußball, Schweigen vielleicht Goal.

Der Fußball steht mit seiner Verneinung des Rhetorischen nicht allein. Sport an sich ist im Grunde sprachlos. Sport funktioniert streng nonverbal. – Preisfrage an das Publikum: Wer kann spontan eine einzige Sportart nennen, bei der man reden *muss*? Na, fällt Ihnen nichts dazu ein? Ich zähle bis zehn, neun, acht, sieben, sechs, fünf, vier, drei, zwei - eins zu null für meine These.

Kraftsportler, Leichtathletinnen, Tennisspieler mögen ab und zu stöhnen; Golfspieler und Schützinnen müssen mitunter fluchen; Synchronschwimmerinnen und Eistänzer pflegen aus ästhetischen Gründen zu grinsen. Aber sonst? Kein Wort, nirgends. Und natürlich flüstern die Reiter ihren Pferden vor dem Ochser aufmunternde Befehle ins Ohr wie: Spring, Ackergaul, sonst mach' ich Mostbröckli aus dir! Und natürlich rufen die Ringrichter «stop!», wenn die Boxer wieder beissen statt boxen, und dann «box!», wenn sich die beiden weiter weichklopfen dürfen. Und natürlich krähen die Torhüter «lass!» und die Mittelstürmer «gib!», wenn sie partout den Ball wollen. Aber sonst? Nichts als eisernes Schweigen auf den Sportplätzen dieser Welt.

Wenn der Sport also im Grunde sprachlos ist – woher stammt denn nun die Sprache, mit dem er sich beschreiben lässt? Die Antwort ist ebenso einfach wie unbeliebt: Sie kommt aus dem Krieg, mitten aus der Schlacht, und das wiederum kommt nicht von ungefähr.

Wie der Sport ist der Krieg im Prinzip etwas Sprachloses. Wie im Sport gibt's im Krieg allerlei Zurufe, Befehle, Schmerzensschreie und so weiter. Aber wenn's drauf ankommt, wird hier wie dort jedes Wort überflüssig, jeder Satz sinnlos. Wer aufs Feld oder an den Start geht, weiß: Hier und jetzt gibt's einiges zu gewinnen, viel zu verlieren und nichts mehr zu sagen.

Krieg und Sport sind also irgendwie wesensverwandt, kommen beide im Prinzip ohne aktiven Wortschatz aus, sind aber in ihrer Sprachlosigkeit durchaus beschreiblich. Weil der Krieg nun zuerst da war, wurde er naturgemäß auch zuerst beschrieben, besungen und beklagt. Folgerichtig ist die Kriegssprache später zur Beschreibung des Sports herangezogen worden, sobald dieser endlich erfunden war, aber selber noch nichts zu sagen hatte.

So betrachtet, braucht sich der Sport der kriegerischen Sportsprache nicht zu schämen. Natürlich wären wir Sportjournalisten vermutlich von Haus aus bessere Stilisten, wenn unsere Fachsprache weniger Cäsars «De Bello Gallico» als Stifters «Nachsommer» entliehen wäre. Aber man sagt im Sport halt seit eh und je und pausenlos derart kämpferische Dinge wie: Angriff, Verteidigung, einen Treffer erzielen, den Gegner umsäbeln, auf die Siegerstraße zurückkehren. Und nur sehr selten liest man in unseren Spielberichten von: Annäherung, Verinnerlichung, glücklichen Fügungen, taufrisch gebrochenen Blumen oder von des Sängers Kranz.

Wer weiß, vielleicht wäre der Sport andernfalls ein anderer geworden. Doch im nachhinein lässt sich an diesem Sachverhalt kaum mehr viel ändern. Selbst nach Sepp Blatters hundertster Regelreform werden sich die Teilnehmer eines Fußballspiels auf dem möglicherweise lindgrünen Rasen noch immer eher zu einer gezielten Blutgrätsche denn zu spontanen Naturbeschreibungen hinreißen lassen.

Die einzige Möglichkeit einer sprachlichen Läuterung, einer verbalen Befriedung des Sports liegt in neuen Sportarten, in frei erfundenen Disziplinen wie Stehsegeln oder Schneebrettfahren. Windsurfen und Snowboarden bieten nämlich ein weites, noch völlig unbeackertes Feld für jegliche Sprachschöpfungen. Sie gelten wohl als sogenannte Wettkampfsportarten, und doch haftet ihnen etwas zutiefst Verspieltes, ja geradezu Pazifistisches an.

Und so könnte man schon heute über Surfer und Boarder durchaus Dinge sagen und schreiben wie: Sie entglitt ihren Gefährtinnen auf einem schneeweißen Brett wie ein schwebender Schwan. Statt: Sie fuhr ihre Gegnerinnen in Grund und Boden. Oder: Er zwirbelte auf einem himmelblauen Board über den Köpfen seiner Freunde wie eine Libelle im Abendwind. Statt: Er bretterte seine schärfsten Rivalen mit todesmutigen Kamikaze-Sprüngen gnadenlos an die Wand.

Wer weiß, vielleicht wird diese neue Schule des Sports, diese sanfte Revolution in der Sportbeschreibung, dereinst sogar auf die alten Rasenkriegsberichterstatter zurückwirken. Vielleicht wird eines Tages selbst den Fußballfachmännern des Fernsehens während einer Direktübertragung unversehens ein so wundersamer Satz herausrutschen wie: O Außenristpass verweile doch, du bist so schön!

8:3 Mein schönstes Ferienerlebnis

Blatt Papier, mir graut vor dir! – Dabei habe ich dich ja kommen sehen. Du bist nämlich so unabwendbar wie das Ferienende. So gnadenlos wie eine Steuererklärung. Du bist ein Naturgesetz, eingemeißelt in die Granittafel des immerwährenden Kalenders. Du bist wie das erste Herbstblatt, das vom Himmel schaukelt. Kühl verkündest du: Schluss mit dem Sommer, Buben und Meitli, ran an die Arbeit. Aber plötzlich.

Wie immer am ersten Schultag nach der größten aller Pausen stehen also auch heute Morgen diese immergleichen drei Worte an der Wandtafel: «Mein schönstes Ferienerlebnis». Der Lehrer verteilt mit seinem sadistischen Grinsen, das den Sommer schadlos überstanden hat, die Aufsatzhefte und sagt: «Ihr habt genau zwei Stunden.»

Ich blättere in meinen gesammelten Werken.

«Was ich werden möchte» – Note vier bis fünf *(Schrift!)*.

«Eine gute Tat» – vier bis fünf *(Schrift!)*.

Und wo sind die Verbesserungen vom letzten Mal?

Auf einer frischen Doppelseite ziehe ich mit dem Lineal zwei vertikale Randspalten, wo der Lehrer die Kommafehler vermerken wird. Dann setze ich vorsichtshalber eine neue Patrone in meinen Pelikan (nieder mit den Gehas!) ein und fange an:

Ich und meine Familie waren in den Bergen. Es war schön, außer wenn es geregnet hat. Weil wir im Wallis waren, hat es sehr selten geregnet. Im Wallis gibt es besonders viele Berge. Die Berge sind zum Sportmachen da. Viele Menschen rennen rauf und fahren runter oder umgekehrt. Mein Schwager zum Beispiel ist ein ganz Vergifteter. Der fährt mit seinem Mounti zuerst mit der Seilbahn auf den Gletscher. Dann brettert er da oben herum, bis die Pedalen glühen oder bis er hinter dem Wildstrubel in den Kanton Bern kommt, wo es natürlich immer regnet, weshalb er wieder umkehren muss.

Ich selber fahre lieber weiter unten Velo. Am liebsten in den Weinbergen. Da ist man allein bis auf ein paar Bauern, die ihre Reben schwefeln. Und am Freitag kommen die Porsche-Kabrios aus den Städten herauf. Da musst du aufpassen, dass du in den Kurven nicht von einem heraushängenden Golfschläger erwischt wirst und im hohen Bogey ins Gebüsch fliegst, dass du die Birdies zwitschern hörst.

Herr Lehrer, ich muss aufs WC.

Übrigens spielen auch die Einheimischen sehr gerne Golf. Jedes Mal, wenn wir in den Ferien ins Rhonetal kommen, gibt es wieder ein paar neue Löcher. Zwar will der WWF meistens dagegen protestieren, aber die Bauern finden halt: Ob wir nun Wiesen oder Rasen mähen, ist doch wohl unsere Sache. – Noch dazu jetzt, wo man den Wallisern die weltweiten Winterspiele gestohlen hat.

Tja, Olympia! Auf der Packung, aus der ich mir am Morgen die gesunde Bergmilch in mein Müesli schütte, um sie dann in mein Müli zu schaufeln, damit ich doch noch groß und stark werde, steht «Sion Olympia-Kandidat 2006». Die müssen Millionen von diesen Kartons gedruckt haben. In der EPA kann man übrigens auch ganz billig Walliser Olympia-Leibchen kaufen. Aber wer soll so was heute noch tragen? Vielleicht Adolf Ogi, wenn er in Crans-Montana seine alljährliche Erstaugustrede hält?

Abgesehen vom alt Sportminister und neuen Weltsportbotschafter, der nach seiner tollen Ansprache jedes

Jahr zum Ehrenbürger ernannt wird, ist der Schauspieler Roger Moore der treueste Gast von Crans-Montana. Das ist sicher auch der Grund dafür, dass es in der Gegend zugeht wie in einem James-Bond-Film. Kein Teich, auf dem nicht Wasserskifahrer blochen, keine Brücke, an der nicht Menschen baumeln, keine Geröllhalde, über die sich nicht Ultra-Marathon-Läufer schleppen. Vom Morgen bis zur Dämmerung hört man hier im Sommer Gelenke krosen und Kniescheiben splittern. Extremsportler sind wie Kühlschränke: vollsynthetisch eingekleidet, problematisch im Energieverbrauch und schwer zu entsorgen.

Oh Schreck! Nur noch zehn Minuten!

Mein schönstes Ferienerlebnis war eine Wanderung. Wir gingen einfach fünf Stunden einem Bach entlang. Das hätte zwar auch jedes Kind geschafft, wobei Kinder ja keinesfalls stundenlang Bächen entlanggehen wollen, aber wir waren am Abend müde und glücklich. Manchmal ist das Leben eben einfacher, als man denkt.

Doch, der sitzt, der Schluss. Ich gebe das Aufsatzheft ab und verzieh mich in die Badi.

Vier minus (Thema verfehlt).

9:3 Das Drama des betagten Kindes

«Alles hat seine Zeit», hat Ulrich Zwingli einmal gesagt, vielleicht war es aber auch Fritz Künzli. «Alles hat ein Ende, nur die Wurst hat zwei», schrieb einst Karl Valentin oder auch Konrad Adenauer.

Wie immer dem sei, fest steht: Aller Anfang ist leicht, aber leicht wird das Aufhören zur Tragödie.

Kürzlich hat zum Beispiel eines meiner Idole, der über vierzigjährige Langläufer Harry Kirvesniemi, zugeben müssen, dass sein Blutbild aussieht wie ein Gummibärchen. Nichts als künstliche Konservierungsmittel, dubiose Stabilisatoren. Jede Menge verbotener Verdeckungs- und Verdünnungskram. Doping, so tief die Nadel reicht.

Irgendwie hat diese wandelnde Legende also den richtigen Abgang verpasst. Hat sich so viele Spritzen gesetzt, der gute Harry, bis er sich wieder so jung und buschber vorkam wie ein zahnendes Renn-Tier.

Mir hingegen könnte das nicht passieren, das mit dem zu späten Aufhören. Als ich beim Fußballspielen eines Tages am linken Flügel vom Linienrichter überholt wurde, sagte ich mir sogleich: Häng deine Puma an den Nagel, bevor dich der Platzwart mit dem Lasso runterholt! Und als letzten Winter am Ende des «Kanderstegers» nur noch ein Securitas-Wärter auf mich wartete, um nach meinem Zieleinlauf das Licht zu löschen, da wusste ich: Lass das Langlaufen, Junge, sonst kommst du das nächste Mal als Vermisstmeldung im Radio.

Allerdings muss ich gleichzeitig zugeben, dass ich pro aufgehörte Sportart im Durchschnitt mit mindestens drei neuen anfange. Mein Keller ist streng zweigeteilt. Links die

Zeugen der Vergangenheit: mein ältester Attenhofer, mein erstes Luftgewehr, mein letzter Fanghandschuh. Rechts dagegen das gerade aktuelle Sortiment: ein Baseball-Schläger, drei Mountainbikes und nun, seit Sonntag, auch ein Snowboard.

Ich gebe zu, *das* hätte selbst ich mir nie zugetraut! Bis vor kurzem habe auch ich nämlich noch zu jener Bevölkerungsmehrheit gehört, die im Snowboarder das Böse schlechthin vermutet. Schließlich weiß ja jeder, dass diese Typen in ihrer Halfpipe nichts als Cannabis rauchen. Und es ist auch aktenkundig, dass sich diese armen, verirrten jungen Menschen an keine Gesetze und keine Pistenmarkierungen halten und dass sie im Intercity immer ihre nassen Schuhe auf die Sitze legen.

Und so habe auch ich, ehrlich gesagt, mehr als einmal im Stillen applaudiert, als sich wieder so ein wild gewordener Varianten-Snöber irgendwo mit der eigenen Lawine zugeschüttet hat. Gott straft sofort. Besonders im Sport.

Trotzdem habe ich letzten Sonntag jetzt also ebenfalls damit angefangen. Ich habe mir im Jelmoli das teuerste und beste Material gekauft. Dann bin ich in die Flumserberge gefahren und habe mir den coolsten Lehrer genommen. Das alles, obwohl es mir an warnenden Beispielen aus meiner Altersklasse ja wahrlich nicht gefehlt hätte. Allem Anschein nach haben wir Alt-Achtziger ja alle einen ziemlich gestörten Gleichgewichtssinn, nicht nur politisch. Heinz jedenfalls hat sich, als er das Basketball aufgab, auf seiner ersten Snowboard-Tour gleich einmal die Hüfte gebrochen und der Ex-Tennisspieler Tomi beide Handgelenke. Den Werner hat die Rega in Einzelteilen aus einer Lawinenverbauung geschält, und Markus wurde von einem Tellerlift direkt ins Spital geschleift.

Trotzdem oder gerade darum wollte ich es letzten Sonntag selber wissen. Und Sie werden es nicht glauben: Mit Todesverachtung, aber unfallfrei bin ich am Flumser «Hasenlift» acht Stunden lang einfach geradeaus gefahren. Immer von rechts nach links, dann fallen lassen, dann von links nach rechts und dann fallen lassen. Und wenn ich müde war vom vielen Fallenlassen, machten wir Theorie. Ich lernte, dass ich offenbar noch zu viel auf der *backside* sitze, dass *Indy* ein Kunstsprung ist, bei dem man sich mit der Hand an der hinteren «Zehenkante» das Genick bricht, und ich erfuhr, dass man Leute wie mich «Goofy» nennt, was nicht zwingend eine Witzfigur ist, sondern manchmal auch einfach ein normal behinderter Linksfüßer.

Als der Hasenlift beim Einnachten zumachte, sagte mein Lehrer, dass er bei mir durchaus ein gewisses Entwicklungspotenzial sieht und dass er mir nächsten Sonntag wieder Unterricht erteilt, allerdings unter der Bedingung, dass ich nicht wieder «in diesem abgefuckten Langlaufanzug» und mit «diesem ultra-outen Velohelm» daherkomme. Sonst aber bin ich schon voll akzeptiert. Nicht nur beim Lehrer, auch bei den Kids. Auf der Rückfahrt im Skibus haben die total normal mit mir geredet!

Ja, ich gebe es zu und bin durchaus stolz darauf: Auch ich bin jetzt ein Snowboarder. Auch ich bin jetzt eine akute Schneebrett-Gefahr.

0:4

KRISEN & KARRIEREN

1:4 Karl wird Erster

«Können Sie Ihr Glück überhaupt schon fassen?» fragte die Fernsehfrau. «Ist Ihnen eigentlich bewusst, was hier und heute mit Ihnen passiert ist? Wie werden Sie mit Ihrer Berühmtheit umgehen? Glauben Sie, der ungewohnten Favoritenrolle gerecht werden zu können? Wie wollen Sie dem Druck des Siegenmüssens standhalten?»

Karl stierte wie ein neugeborenes Kalb in die Kameraöffnung. Seine Waden, die Bauchmuskulatur, die Oberarme zitterten noch von der Anstrengung. Schweiß brannte in den Augenwinkeln. Ab und zu klappte sein Kiefer nach unten. Der neue Radsport-Weltmeister brachte beim besten Willen keinen Ton heraus.

Niemand hatte mit diesem Rennausgang gerechnet. Nicht die Fachleute, nicht das Publikum und schon gar nicht Karl selber. Bis zu diesem Tag, zu dieser Stunde war er ein Niemand gewesen in der Radsportwelt, ein Helfer der untersten Arbeiterklasse, beileibe kein sogenannter Edeldomestike, sondern ein biederer, niederer Wasserträger. Und jetzt war er Weltmeister. Keiner wusste genau, wie das hatte passieren können.

Ein groteskes Versehen der WM-Favoriten, eine taktische Fehlleistung der Mannschaftsleiter, die den Nobody einfach nicht ernst genommen hatten. So lange, bis es plötzlich zu spät war und Karl sich zum Entsetzen der Offiziellen und Sponsoren und unter dem ungläubigen Raunen der Zuschauer mit letzter Kraft, aber allein auf weiter Flur über die Ziellinie quälte.

«Was, glauben Sie, wird Ihnen dieser Titel auf dem Werbemarkt bringen?» insistierte die Fernsehfrau, «denken Sie jetzt ans Aufhören? Würden Sie sich übermorgen für unsere Talkshow *Der Tag, der mein Leben veränderte* zur Verfügung stellen? Oder gibt es jemanden, mit dem Sie sich vor laufender Kamera versöhnen möchten?»

Wie in Zeitlupe stieg Karl, der Weltmeister, vom Rennrad und setzte sich mitten in der Medienmeute auf den Asphalt. Wie ein Schiffbrüchiger sog er sich an seiner Wasserflasche fest, bis die anderthalb Liter weg waren.

Jetzt unternahm die Fernsehfrau einen letzten Versuch: «Können Sie unserem Publikum von sich erzählen?» Da schaute Karl auf, nickte nachdenklich und begann dann so leise zu sprechen, dass man ihm die Mikrophone noch näher vor die Nase hielt.

«Ich bin», sagte Karl, «in der zweiten Primarklasse sitzen geblieben. Zu meinem siebenten Geburtstag habe ich von Gotte und Götti das genau gleiche Geschenk bekommen, es war so ein Matchbox-Autöli, ein hellblauer VW Kastenwagen. Einmal habe ich meiner Schwester durchs Schlüsselloch beim Ausziehen zugeschaut. Am 14. November 1989 bin ich zum ersten Mal schwarz gefahren und sogleich von vier Kontrolleuren erwischt worden. Mit zweiundzwanzig hatte ich einen Vierer im Lotto, plus Zusatzzahl, dafür gab es tausendfünfhundertzwounddreissig Franken vierzig. Vor vier Jahren habe ich Vreni geheiratet und drei Monate später ohne besonderen Grund mit dem Doping aufgehört. Manchmal schaue ich durch den Feldstecher dem Briefträger in unserer Straße beim Postverteilen zu. Aber die meiste Zeit muss ich trainieren.»

Die Journalisten standen mit leicht geöffneten Mündern da, ihre Mikrophone immer noch krampfhaft vorgestreckt. Karl schaute fragend in die Runde. Dann meinte er höflich: «Nun, nachdem Ihr nichts mehr wissen wollt, gehe ich jetzt ...» – ... duschen, hatte er sagen wollen, doch nun kam plötzlich wieder Bewegung in die Gruppe. Wie auf Kommando prasselten die Fragen auf den neuen Weltmeister nieder: «Was haben Sie gedopt? Wieso sind Sie sitzen geblieben? Wer ist diese Vreni? Könnten Sie uns vielleicht fürs nächste Mittwoch-Lotto einen Prominenten-Tipp abgeben? Hat man Sie schon einmal wegen sexueller Belästigung belangt?»

Karl hörte sich alle Fragen geduldig an, dachte eine Weile nach und sagte dann: «Die Antworten auf diese Fragen sind, wie Ihr Euch bestimmt denken könnt, im Grunde in meiner Kindheit, genauer, in meinem Elternhaus zu suchen. Es ist aus heutiger Sicht nicht zu übersehen, dass der Einrichtung unserer Wohnung damals das Figurale fehlte. Insbesondere die Musterung der Teppiche wies keinerlei Heiterkeit auf, was man bei Vertretern der Generation meiner Eltern eigentlich hätte erwarten dürfen. Nur schon am Beispiel unseres Wohnzimmer-Persers zeigte es sich, wie sehr der Einrichtungsgegenstand irrationalen Einflüssen unterliegen kann, beziehungsweise welche Einflüsse er dann seinerseits auf das Wohnerlebnis und damit auf das Lebensgefühl beziehungsweise auf die weitere Entwicklung seiner Benützer ausübt.»

Inzwischen hatten alle Medienleute ihre Aufnahmegeräte sinken lassen. Keiner tat oder sagte etwas. Erst nach geraumer Zeit meldete sich noch einmal die Fernsehfrau zu Wort: «Und wie, äh, glauben Sie, wirkt sich das alles auf Ihre weitere Karriere als Radrennfahrer aus?»

Da lachte Karl laut auf. «Na, gar nicht», sagte er freundlich, während er sich zum Gehen wandte, «beim Velofahren geht es nur ums Treten. Möglichst lange, möglichst fest.»

2:4 Elf Fremde müsst ihr sein

«Wer bist denn du?» sagte in der 17. Spielminute der Innenverteidiger zum Außenverteidiger. «Ich bin der neue linke Außenverteidiger», sagte der Außenverteidiger zum Innenverteidiger. «Aha, dann musst du dieser Schotte sein», sagte der Innenverteidiger. «Nein, ich bin der Slowake», korrigierte der Außenverteidiger. «So, so, der Slowake», murmelte der Innenverteidiger, «das ist mir neu.»

Stirnrunzelnd grätschte er einem heranstürmenden Gegner in die Beine. Obwohl er dabei durchaus auch teilweise den Ball traf, vergaß er, beim Schiedsrichter gegen die gelbe Karte zu protestieren, so gedankenversunken war er.

«Wie bist du denn hierher geraten?» fragte der Innenverteidiger den neuen Außenverteidiger in der 24. Minute bei einem Einwurf an der linken Seitenlinie. «Ganz einfach», antwortete der Außenverteidiger, «mein Agent wollte mich zu einem drittklassigen Klub in Italien vermitteln, doch weil dieser dem gleichen Pharmakonzern gehört wie der belgische Spitzenverein, bei dem ich unter Vertrag stehe, aber nicht zum Einsatz komme, war es EU-kartellrechtlich gesehen besser, mich für fünf Wochen in die Schweiz zu verleihen.»

Kopfschüttelnd warf der Innenverteidiger den Ball genau in zwei gegnerische Füße, erkämpfte ihn sich aber sogleich zurück und setzte zu einem seiner berühmten Steilpässe in Richtung des rechten Flügelstürmers an, als ihm einfiel, dass dieser ja letzte Woche nach Deutschland verkauft worden war. Verwirrt spielte er den Ball unter dem Gejohle der Zuschauer zum Torhüter zurück.

«Bist du denn schon länger hier?» fragte der Außenverteidiger den Innenverteidiger in der 32. Minute. «Mehr als zehn Jahre», antwortete der Innenverteidiger und fühlte sich plötzlich alt. «Dann weisst du sicher, wie dieser linke Aufbauer heisst, der da vor mir steht», fuhr der Außenverteidiger fort. «Er ist doch hinten angeschrieben: Skrzypczak», knurrte der Innenverteidiger etwas ungeduldig, denn schließlich standen sie beide am eigenen Sechzehner in einer Viermannmauer, und der gegnerische Freistoßexperte schickte sich soeben an, einen seiner lebensgefährlichen Vollristschüsse abzufeuern. «Schon, schon», sagte der Außenverteidiger, während er flugs vor dem herannahenden Ball den Kopf einzog, «aber ich wollte wissen, ob er Peter oder Paul oder meinetwegen Pjotr heißt. Es macht sich doch schlecht, wenn man sich auf dem Feld unter Mannschaftskameraden wie Fremde anredet.»

Die Antwort des Innenverteidigers ging im Torgeschrei des Publikums unter.

«Darf ich dich im Vertrauen etwas fragen?» fragte der neue Außenverteidiger den alten Innenverteidiger kurz nach der Pause. «Kannst du eigentlich, Hand aufs Herz, unsere fünf schwarzen Mannschaftskollegen unterscheiden, wenn sie keine numerierten Trikots anhaben?» Die beiden Abwehrspieler standen gerade an der Mittellinie und schauten zu, wie einer ihrer Mannschaftskollegen einen Penalty verschoss. «Diese Frage ist eindeutig rassistisch, aber nicht unbegründet», sagte der Innenverteidiger. «Ich selber kann zwar sehr wohl unseren neuen Nigerianer von den beiden Zuzügen von der Elfenbeinküste unterscheiden, und auch unser Namibier und der Südafrikaner schauen wirklich ganz eigen aus. Andererseits bringe ich aber ständig unsere vielen Nachwuchstalente durcheinander, die alle Akne, schwarze Haare und genau die gleiche Wetgel-Frisur haben.»

Gerne hätte der Innenverteidiger, den es vor einem Jahrzehnt eher zufällig aus Norwegen in diesen Klub verschlagen hatte, auch noch etwas über die paar gebürtigen Schweizer in der Mannschaft gesagt. Doch er kam jetzt nicht mehr umhin, einem entlaufenen Mittelstürmer nachzujagen, welcher schon acht Meter Vorsprung hatte und vermutlich bald seinem Auftrag als sogenannter Vollstrecker nachkommen würde.

«Fühlst du dich», fragte der neue Außenverteidiger den alten Innenverteidiger eine Viertelstunde vor Schluss, «nicht auch manchmal etwas einsam in diesem Beruf?» Der Angesprochene schaute lange in die Ferne, weit über den Stadionrand hinaus. «Der Fußball war schon immer ein Abbild der Gesellschaft», sagte er dann. «Und so, wie die heutige Gesellschaft den flexiblen Menschen fordert, braucht die moderne Mannschaft den flexiblen Fußballer. Nicht elf Freunde müssen wir sein, sondern perfekt ausgebildet, vielseitig zu verwenden und dabei jederzeit auswechselbar.»

Nachdenklich nickend blieb der Außenverteidiger stehen und hob damit die Abseitsfalle auf. «Nur eine Frage noch», sagte er, während sein Gegenspieler im Hintergrund zum 0:3 einschoss, «wer ist eigentlich unser Trainer?» Da lachte der Innenverteidiger von Herzen und sagte: «Siehst du den Mann mit dem roten Kopf dort? Der so wild herumfuchtelt und uns die Faust zeigt? Das ist der Trainer. Er wird uns wohl demnächst auswechseln, aber gräm dich nicht. Man sagt, er sei schon so gut wie entlassen.»

3:4 Der Wechselwähler

Ich schwöre, ich war schon immer FCZ-Fan. Oder jedenfalls schon länger. Oder jedenfalls nicht erst seit Sonntag. Na, jedenfalls sind ich und der FC Zürich heute Cup-Sieger, und was morgen sein wird, weiß ja keiner.

Aber gut, wenn Sie darauf bestehen, ich gebe es zu: Ich bin Wechselwähler. Wieso auch nicht? Gibt es einen Grund, sich ständig aufs Blut mit Verlierern zu solidarisieren? Nur weil einem der Papi vor tausend Jahren eine blaurote oder grünweisse Windel in die Wiege gelegt hat? Eben.

Der Mythos, dass, was ein echter Fussball-Fan sein will, gleich lebenslänglich zu GC, Gladbach oder Gambarogno verurteilt sein muss, ist Blödsinn. Nicht nur auf dem Fußballfeld hat der fröhliche Liberalismus Einzug gehalten, nicht nur in den Köpfen der Präsidentenlogen, sondern auch im Herzen der Stehplätze. Die freie Wahl des Arbeitsplatzes wird nicht nur den leichtfüßigen Trikotträgern auf dem Rasen zuteil, sondern auch den bodenständigen Fahnenträgern mit ihren Wampen auf den Rampen: Adieu, Herr Klubpräsident, unser Vertrag läuft heute leider aus! Jawohl, lieber Herr Hauptaktionär, ich kündige hiermit im Hardturm und wechsle per sofort auf den Letzigrund. Ablösefrei und ohne schlechtes Gewissen. Volle Freizügigkeit, so ist das halt heute, mein armer Herr Verwaltungsratsvorsitzender. Auch wir Fans treten nirgends mehr ohne Ausstiegsklausel bei. Wir schließen höchstens noch dann und wann ein kleines, feines bilaterales Verträglein.

Allerdings war das im Grunde schon immer ein bisschen so, wenigstens bei mir. Nach meiner Geburt war ich zunächst für den SC Brühl, weil mein Vater dort kickte. Dann unterstützte ich La Chaux-de-Fonds und Lugano, weil dort die besten Torhüter spielten (und ich gerade Weltklasse-Goalie werden wollte). Nachdem Eichmann und Prosperi zurückgetreten waren, zogen wir nach Zürich, und ich wurde einfachheitshalber GC-Fan. Meine Begeisterung für diesen Klub ging so weit, dass ich alles bevorzugte, was dunkelblauweiß war und gegen Bälle trat: die Queen's Park Rangers in England oder in Deutschland den MSV Duisburg (wo der Tiroler Jara seine genialen Vierzigmeterpässe schlug, bis er bei GC landete).

Irgendwann wurde es mir auf dem Hardturm aber langweilig, und ich begann, emotional zu diversifizieren. 1977 machte ich eine Reise nach Bremen und wurde Werder-Fan. 1979 mochte ich am liebsten Servette, weil damals in Genf nämlich der Holländer Ruud Krol spielte, den ich 1978 in Argentinien so bewundert hatte. 1982 zog ich nach Wien und war dort ein Jahr für Rapid und das nächste für die Austria. Von 1984 bis Anfang der neunziger Jahre fieberte ich mit dem FC Sion, weil ich in der Gegend jeweils die Sommerferien verbringe. Erst mit dem Amtsantritt von Trainer Gross kehrte ich gefühlsmäßig nach Zürich zurück, weil GC unter ihm nämlich eine Weile lang wirklich guten Fußball spielte. Und weil damals auch alle anderen geschlossen auf den Hardturm gingen. Genauso wie wir heute wieder geschlossen zu Hause bleiben. Falls wir nicht soeben FCZ-Fanatiker geworden sind.

Wie? Sie finden solche permanent schwankenden Zuneigungen charakterlos?

Das Gegenteil ist der Fall. Dieses wendige Wechselwählertum, das sich nicht nur bei mir, sondern weltweit zunehmend beobachten lässt, ist doch nichts anderes als der Beweis eines ausgewogenen Weltbildes. Der heutige Sportfan, die moderne Fußballfreundin rennen nicht mehr einfach kadavergehorsam hinter der nächstbesten Fahne her. Sondern wir vergeben unser Ovationspotenzial nach klar definierten Kriterien, welche naturgemäß so subjektiv und wechselhaft sein müssen wie unser schnelllebiges Leben überhaupt.

Ergo muss man heutzutage nicht mehr zwingend ein geborener FCZ-Fan sein und am besten im Schatten des Güterbahnhofs als Proletarier aufgewachsen. Man kann diesen Klub auch ganz einfach momentan mögen. Zum Beispiel, weil im Dunstkreis des Letzigrunds momentan die besten Geschichten erzählt, die spannendsten Dramen aufgeführt werden.

Ein FCZ-Match, das ist wie ein von Tschaikowsky zur Oper vertonter Dostojewski-Roman, zu dem sich Rosamunde Pilcher mitunter ein Happy End einfallen lässt: Der großmütige Gutsbesitzer Svetlan Hotz (Bariton) muss unter dem Druck der bigotten Gesellschaft seinen unberechenbaren Sohn Raimondow (Tenor) verstossen. Alles läuft saumäßig schlecht, doch dann kommt Onkel Gilbert Amokowitsch Gressky (Bass) und verhindert im letzten Moment, dass sich alle Beteiligten gegenseitig ins Jenseits duellieren. Und zu guter Letzt schart Gressky alle Mann hinter sich, erobert in der fernen Hauptstadt den silbernen Weinkühler des Zaren, und die verhasste Familie vom viel reicheren Nachbargut ärgert sich blau und weiss.

Und so wird alles gut. Bis zum nächsten Akt. Bis zur nächsten Katastrophe. Bis zur Rache der Enterbten. Bis dann halt irgendwann doch noch alles vor die Hunde geht.

Aber wenn's einmal soweit ist, wird mir das völlig gleichgültig sein. Denn bis dahin bin ich längst für den FC Basel.

4:4 Ende eines Mittelstürmers

Der Mittelstürmer rennt, den Ball wie immer elegant am Innenrist, in Richtung Strafraum. Eben will er seiner Natur gemäß zum Torschuss ansetzen, da tritt ihm von rechts ein Fremder in den Weg.

«Halt!» ruft der Mann gebieterisch. Der Mittelstürmer gehorcht, bleibt verblüfft stehen, obschon er normalerweise alles umdribbelt, was ihm vor die Füße kommt. Dieser Fremde jedoch trägt weder ein Trikot, noch schaut er aus wie ein Schiedsrichter: Mantel, Schlapphut, Lederstiefel und in der Hand den Wanderstock. Zaghaft erhebt der Mittelstürmer seine Stimme:

- Kenn ich Sie, Herr?

- Du wirst mich kennen lernen.

- Was wollen Sie von mir?

- Den Ball. Und deine Schuhe.

- *Irritiert:* Aha. *Dann aber kämpferisch:* Und vielleicht möchten Sie auch noch mein Leibchen, die Stutzen und die Hose?

- Genau. Nur immer her damit!

Jetzt ist der Mittelstürmer sprachlos. Er sieht sich Hilfe suchend um – allein, seine 21 Mitspieler sind wie vom Feldboden verschwunden! Kein müder Linienrichter ist mehr zu sehen. Die alte Umziehkabine modert verlassen vor sich hin. Vom Wald her ziehen Nebelschwaden herüber. Der Mittelstürmer kommt sich vor wie in einem Tarkowski-Film.

- *Ängstlich:* Sind Sie vielleicht der Tod?

- Nein, aber das Ende.

- Bitte?

- Ich bin das Karriereende. Dein Karriereende.

- Sie meinen ...

- Genau. Fertig Fußball. Deine letzte Flanke hat geschlagen. Zeit für die ultimative Auswechslung. Ab unter die Dusche.

- Aber ich bin noch keine 39!

- Schau dich doch an, Mann! Du bist die personifizierte Sportverletzung. Du bist das humpelnde Elend. Wo man hinsieht, nichts als schief zusammengewachsene Knochen, mies vernarbte Wunden und knirschende Arthrose. Hast du sie gezählt, deine zigtausend Zerrungen? Darfst du denn noch eine unzerquetschte Rippe dein Eigen nennen? Wer, bitte, kennt die Zahl deiner Zähne? Wer weiß noch, in welche Richtung deine Nase dereinst zeigte?

- Nun, ein paar Souvenirs sind wohl normal, nach 34 Jahren Klubfußball! Gleichwohl hoffe ich ...

- ... gleichwohl hoffst du noch immer auf den großen Durchbruch, ich weiß. Und bei jedem Anruf denkst du dir: Das ist GC! Oder Bayern! Man hat mich nicht vergessen! Ja, im Grunde wartest du bis zum heutigen Tag noch auf dein erstes Nationalmannschaftsaufgebot ...

- ... das ich längst verdient hätte! Meine Freistöße waren berühmt, meine Tore sind sonder Zahl!

- Bei den D-Junioren vielleicht. Bis 1971 vielleicht. Dann ging's abwärts.

- *Trotzig:* Ich habe nichts verlernt.

- Du klingst wie ein Pensionist, der eine Zwanzigjährige freit. Ich frage mich, weshalb vergreisende Fußballer nie von selber merken, wann sie ausgespielt haben.

Nun ist der Mittelstürmer aber ernstlich beleidigt. Mit einem trockenen Antritt legt er sich den Ball vor, schlägt vor dem Fremden dribbelnd seinen berühmten Hasenhaken und ist auch schon fast am Gegner vorbei, als dieser ihm das Bein stellt. Einfach so. Ohne den geringsten Versuch, vorschriftsmäßig auch ein bisschen den Ball zu spielen. Der Mittelstürmer fliegt in einer flachen Parabel in den feuchten Dreck. Noch in der Luft spürt er, wie sein rechter Wadenmuskel reißt. Beim Aufprall kugelt ihm wieder einmal die linke Schulter heraus. Und nicht unerwartet bleibt auch sein letzter Original-Schneidezahn im Lehmboden stecken.

- Na, trittst du jetzt freiwillig zurück, Nummer 9?

- Mir ist kalt. Ich leide unter mannigfaltigen Schmerzen. Haben Sie zufällig etwas Dul-X dabei? *Er schluchzt.* Das kann doch noch nicht alles gewesen sein!? *Er schluchzt.*

- Hast du einen letzten Wunsch?

- Ein Abschiedsspiel. *Er schluchzt.*

- Witikon gegen Weltauswahl oder was? Nicht weinen, alter Mittelstürmer. Es gibt ja auch ein Leben nach dem Tor. Probier's doch mal mit Golf.

- *Würdevoll:* Noch geh ich nicht am Stock, Herr.

- Nun muss ich aber fort. Habe heute noch viel Überzeugungsarbeit zu leisten. Gib her, die Uniform! Deine Zukunft ist zivil.

Folgsam schält sich der Mittelstürmer unter einigem Ächzen aus Hemd und Hose. Der Fremde klemmt sich das Kleiderbündel unter den Arm. Im Weggehen durchbohrt er mit seinem Spazierstock den Ball. *Pause.* Langsam nimmt der halbnackte Mittelstürmer das erschlaffende Leder in die Hand, tritt an die Rampe und flüstert verzweifelt:

- Ein Ball. Ein Ball! Meine Schienbeinschoner für einen Ball!

Vorhang.

5:4 Tor ohne Hüter

Heute Abend werde ich es ihm sagen. Am besten schon vor dem Umziehen. Oder vielleicht beim Aufwärmen. Oder besser nachher beim Bier. Franz, werde ich sagen, Franz, ich weiß, du wirst das nicht gern hören, aber ich muss weg. Fort. Wurscht, wohin. Nur nichts wie raus hier! Oder ich höre gleich auf. Wäre ja sowieso gesünder, in unserem Alter, Franz. Du weißt ja: pro Halbzeit eine Zerrung, pro Match ein Kreuzband, pro Runde ein Kniegelenk, pro Saison ein Sportinvalide – das ist Seniorenfußball, Franz. Organisierte Selbstverstümmelung. Kollektive Selbstüberschätzung. Alternde Männer im Das-schaff-ich-doch-noch-Wahn. Warum tun wir uns das eigentlich an?

Aber, werde ich ihm sagen, wenn uns das Heidi im «Freieck» das *Schnipo* vor die Nase stellt, das ist jetzt nicht das Thema, Franz. Das Thema ist, dass du ab heute keinen Goalie mehr hast. Ich trete zurück, will sagen, ich trete vor, Franz. Ich verlasse meinen Kasten, ich überspringe die Fünferlinie, ich sprenge die Strafraumgrenze – ich will raus, zu euch, ins freie Feld! Stell mich auf, wo du willst, Franz, aber entlass' mich aus dem Innendienst! Zehn Jahre zwischen zwei Pfosten sind genug.

Du weißt ja nicht, wie trist das manchmal ist da hinten, Franz. Da fällt dir glatt die Latte auf den Kopf, so allein fühlst du dich. Niemand zum Reden, die längste Zeit kümmert sich kein Schwein um dich, aber dann kommen sie plötzlich alle aufs Mal, und dann steht da sicher so ein Primitivling und knallt dir den Ball zwischen den Hosenträgern hindurch, so schnell kannst du gar nicht schauen, und jault auf vor Glück, und unsere Verteidiger schnauzen dich an oder, noch schlimmer, schneuzen sich verächtlich in die Finger und gehen wortlos weg.

Meinst du, ich spüre das nicht? Diesen stummen Vorwurf beim Einwurf. Dieses resignierte Achselzucken, wenn ich mal ins Leere laufe. Und dann dieses verlogene Schulterklopfen nach dem Schlusspfiff. *Tipptopp gewesen!*, sagt ihr laut, und leise denkt ihr: Du Fliegenfänger! Wieso probierst du's nicht mit Federball?

Schau dir doch nur diese EM an, Franz, werde ich zu ihm sagen. Alles jubelt, alles schwärmt von diesem affengeilen Superfußball. Aber wer, frage ich dich, sind dabei die Verlierer? Wer, bitte, zahlt die ganze Zeit drauf bei diesem ultimativen Kick? Wir, die Torhüter. Wir, die Keeper von der traurigen Gestalt. Denk doch mal nach, Franz, denk an all diese gedemütigten Goalies, werde ich zu ihm sagen, wenn Heidi den *Coupe Dänemark* bringt. Ich sage nur: *Schmeichel!* Bis auf die Knochen blamiert. Ich sage nur: *Kahn!* Kläglich gekentert. Ich sage nur: *Seaman!* Totaler Schiffbruch. Oder *De Wilde!* Ein Selbstmordkandidat.

Und das alles ist kein Zufall, das hat System: Jedes Jahr lässt sich dieser Sepp Blatter eine neue Fiesheit gegen uns einfallen. Was zum Beispiel ist aus der guten alten Torhüterrückgabe geworden? Russisches Roulette. Was aus unserem kunstvollen Auskick? Ein hektischer Kampf gegen die Stoppuhr. Es ist ja ein reines Wunder, dass wir den Ball überhaupt noch hin und wieder mit den Händen berühren dürfen! Jedes Mal, wenn ich den Fernseher einschalte, ist garantiert dieser wildgewordene Fifa-Walliser auf Sendung und sagt mit seinem Haifisch-Grinsen: *Dr Füessball brücht äbä vili Gol!* Aber dass dabei die *Goli* draufgehen, ist ihm natürlich egal, dem Präsidenten. Wir sind das Übel. Von notwendig kann keine Rede mehr sein.

Erinnerst du dich, Franz, werde ich zu ihm sagen, wenn Heidi den *Kafi fertig* bringt, wie das früher war? Erinnerst du dich an all die großen Persönlichkeiten meines Metiers? An den Panther *Prosperi*! An *Deck*, den Wolkenkratzer! Oder an *Kunz*, der beim Flankenfangen jeden aufsässigen Angreifer in die Weichteile trat. Damals wurden wir respektiert, waren wir noch wirklich die Nummer eins, und man hat uns auch mal ein kleines Missgeschick verziehen. Wenn du hingegen heute einen Freistoß aus mehr als zwanzig Metern kassierst, dann kannst du gleich zuschauen, wie der Präsident auf der Tribüne mit dem nächstbesten Spielerhändler tuschelt. Schau dir nur GC an, Franz, werde ich zu ihm sagen: Die wechseln den Goalie wie die Unterhosen und wundern sich dann, wenn jeder Neue schon vor dem ersten Corner dreinschaut wie ein Asylbewerber bei der Passkontrolle.

Aber die Quittung wird nicht auf sich warten lassen, werde ich zu ihm sagen, bevor ich das «Freieck» verlasse. Noch ein, zwei solche Torhüterverarschungsturniere wie diese Europameisterschaft, und du wirst keinen mehr finden, der sich ohne Waffenanwendung zwischen die Pfosten stellt. Noch zwei, drei Jahre, und der Blatter wird *so vili schöni Göli* sehen, dass ihm richtig schlecht werden wird davon. 2002 schlägt Holland die Jugoslawen 84 zu 6, und Kluivert gewinnt mit 250 Toren den goldenen Schuh. Jeder Schuss ein Treffer, Franz, der Goalie ist Geschichte, und wer den Ball in die Hand nimmt, sieht Rot.

Und drum kannst du schauen, Franz, welchen Trottel du am Samstag gegen Dagmersellen auf die Linie stellst. Hier!, werde ich sagen, hast du meine Handschuhe. So rasch sieht mich keiner mehr vor einem Netz zappeln.

Heidi, zahlen!

6:4 Der traurige Tennisplatz

Es war einmal eine Sportart, die galt seit ihrer Erfindung als etwas Besonderes, worauf sie sich natürlich einiges einbildete. Entsprechend ließ sie lange Zeit nur nachweislich vornehme Leute an sich ran, ausschließlich anständige Menschen mit viel Zeit und Geld und in strahlend weisser Freizeitbekleidung. Diese vom Scheitel bis zur Sohle durch und durch erfreulichen Erscheinungen, sogenannte Tennisspieler, schlossen sich umgehend zu Tennisklubs zusammen, um unter sich zu sein und zu bleiben. So entstanden eingefriedete Klubhäuser, bewacht von Hunden und nicht minder bissigen Platzwarten.

Nun weckten diese Klubs, wie alles Außergewöhnliche und Überragende, naturgemäß bald den Neid des gemeinen Volkes. «Die Möglichkeit zum Tennisspiel muss zu einem menschlichen Grundrecht werden», polterten populäre Politiker und machten auf Gemeindekosten aus Pflugscharen Tennisschläger beziehungsweise pflügten quadratkilometerweise uralte Obstgärten zu brandneuen Sandplätzen und Achtfach-Tennishallen um. Jedes noch so kleine Dorf, das etwas auf sich hielt, leistete sich neben Kirche, Friedhof, Freibad auch mindestens einen Tennisklub. So dauerte es gar nicht lange, und in Mitteleuropa konnte jeder Mensch im aufschlagfähigen Alter – welcher Geburt und wes Standes auch immer – theoretisch an bis zu dreiundzwanzig Stunden pro Tag Tennis spielen.

Nur wollte das jetzt keiner mehr.

Tausendundein Tennisklubs gibt es derzeit in der Schweiz, und in 999 davon darf heutzutage jeder Dahergelaufene sofort eintreten, unbesehen, mit Handkuss und jetzt selbstverständlich auch ohne Aufnahmegebühr. Man kann inzwischen kaum mehr das Wort Tennis in den Mund nehmen, ohne dass hinter dem nächsten Baum ein verzweifelter Klubpräsident hervorspringt und wild mit Anmeldeformularen wedelt. Und kein Tag vergeht, ohne dass einem ein TC-Quästor mit tränenerstickter Stimme schildert, wie wichtig, ja geradezu wohltätig, eben jetzt ein sofortiger Klubbeitritt wäre, zumal man einen unterbeschäftigten Platzwart samt fünf verwahrlosten Kindern und acht ebensolchen Sandplätzen zu unterhalten habe.

Ja, in diesen verwaisten Ex-For-members-only-Klubhäusern treibt die Verzweiflung manch sagenhafte Blüte. Während draußen auf der tristen Terre battue allmählich Löwenzahn und allerlei distelartige Gewächse die Spielfelder überwuchern, plant der Vorstand drinnen die definitive Marketing-Offensive.

Was, wenn nicht das *ultimative* Sommernachtsfest mit DJ Ferdl, Cocktailbar und Go-go-Girls *live aus Wien*, wird den TC Nottiswil wieder zum Publikumsmagnet machen?

Wie, wenn nicht mit Wettkampf-Grillieren und Turnier-Saufen, soll der TC Ballikon neue Kundschaft ansprechen?

Doch auch der heroischste Überlebenskampf wird am Ende an den banalen Marktmechanismen scheitern. Bevor man nicht einige hundert Tennisplätze zu Rollbrett-Feldern umbetoniert hat, bevor nicht einige Quadratkilometer roter Sand wieder zu amphibienfreundlichen Biotopen verwildern, wird sich der weiße Sport nicht vom eigenen Boom erholen. Zumal man heute auch schon in manch einem äusserst schicken, aber leider latent unterbevölkerten Golfklubhäuschen hinter vorgehaltenem Handschuh leise von den Vorzügen volksnaher Jassabende tuschelt.

7:4 Der glückliche Autofahrer

Also ein Super-Sonntag war das! Ein Traumtag ganz nach meinem Motto: einsteigen, abschalten, durchstarten! Da erholst du dich wie nichts, sage ich dir, und zwar geistig wie auch körperlich. Wenn du nach so einem zivilen Renntag am Abend an die heimischen Boxen zurückkommst, mit leerem Tank und vollem Herz, dann weißt du endlich wieder mal, was das heisst: ein paar lausige Stunden lang glücklich sein auf diesem ausgebremsten Planeten.

Es kommt ja sonst nicht gerade selten vor, dass ich am Sonntag stimmungsmäßig in den Leitplanken klebe. Draußen regnet's, drinnen redet mir von rechts die liebe Angetraute den Helm voll, und links läuft am TV so ein hirnrissiger Heimatfilm mit Heinz Rühmann. Also ich sage dir, an solchen Depro-days kommst du schon mal auf die Idee, dir in der Garage unten mit dem Gartenschlauch so lange Standgas zu geben, bis dich todsicher keine Krankenkassenprämie mehr kratzt.

Aber heute war alles anders. Das war nun ein wirklich total sorgenfreier, ein einfach vollkommen autovoller Sonntag. Von früh bis spät nichts als Hubraum auf Hochglanz und Hochtouren. Das war ein Leben wie aus dem Amag-Prospekt: Du schaltest den Fernseher ein, und sie bringen endlich wieder Formel 1. Du drehst am Radio, und sie sagen dir, dass das Schweizervolk diese Verkehrskastrierungsinitiative, dieses allgemeine Velokettenobligatorium, wuchtig verworfen hat. Du kaufst eine Zeitung, und sie schreiben, dass der Salon in Genf alle Rekorde bricht. Und endlich fühlst du dich wieder einmal wohl, so richtig bahnfrei, so ganz und gar eins mit der motorisierten Menschheitsmehrheit.

Gut gelaunt schlage ich meiner Frau also ein kleines Ausfährtli vor, wohl wissend, dass die werte Gattin nie mitkommt, weil sie sich nämlich ein wenig fürchtet, so wie ich bloche, sagt sie.

Was willst du da lang herumdiskutieren? Nichts wie runter und rein in meine neue Allrad-Geländelimousine. Ein Knopfdruck, die Garagentür rattert in die Höhe. Es ist jetzt punkt acht o'clock, ich starte liebevoll mein Dreilitermotörchen und drücke – das ist ein Ritual – dreimal im Leerlauf das Gaspedal voll durch, damit die 194 Pferdchen auch ja schön warm kriegen, obwohl ich eigentlich weiss, dass ich nicht immer so einen Lärm machen soll. Besonders nicht am Sonntag morgen, weil die netten Nachbarn dann das aufheulende Elend bekommen und ich wieder anonyme Drohbriefe. Sicher von diesen grünen Unkrautfressern dort drüben, von diesen linken Veloklammeraffen. Aber irgendwie ist mein Motor halt mental stärker als ich, besonders an so einem Sonntag morgen: die Sonne scheint, die Vöglein pfeifen, und die ganze verdammte verkehrsberuhigte Quartierstraße wartet darauf, mal so richtig drangenommen zu werden.

Bis vor ein paar Jahren bin ich noch wie all die andern anonymen Auto-Amoks bloß über Land getuckert, einigermaßen ziellos, aber doch jeden Sonntag mindestens fünfhundert Kilometer. Meistens Limmatquai-Bodensee-Como und wieder zurück, mit einem Hundertsechziger im Schnitt, das dann schon. Trotzdem merkte ich eines Tages, dass ich beim Autofahren im Grunde genommen einfach mehr Publikum brauche. Denn was nützt dir, frage ich dich, das haarsträubendste Überholmanöver auf der N 1, wenn du damit bestenfalls eine Thurgauer Tante ins Schleudern bringst? Was hast du davon, einen Obwaldner Onkel so lange anzulichthüpeln, bis es ihm endlich den Sonntagshut lupft?

Also habe ich den Alfa abgestoßen, habe mir meinen ersten Vier-mal-vier geleistet, den einzigen *Off-roader mit Designer-Interieur*, und bin über Nacht zum Stadt-Rallyfahrer geworden.

Und das geht so: Du fährst jeden Sonntag zwanzigmal den gleichen Rundkurs. Ich zum Beispiel: Limmatquai, Bellevue, Mythenquai, dann über vier liegende Polizisten rauf zum Bergpreis in Wollishofen, dann zurück zum Sihlhölzli, runter zum Bahnhof, und schon geht's mit Turbogebrüll wieder rein in den Limmatquai, und hier stoppst du dann die Zwischenzeit.

Ich sage dir, das tönt vielleicht blöd, ist aber brutal spannend! Das ist wie eine Mischung zwischen dem GP von Monte Carlo, den 24 Stunden von Le Mans und Paris–Dakar: Du fährst mitten durch die Zivilisation und musst trotzdem wie in der Wüste auf alle möglichen Gefahren gefasst sein. Grade glaubst du noch, voll dahinrohren zu können, da wirft sich von rechts ein Kamel mit Kinderwagen auf den Zebra, und du musst die halben Hinterreifen liegenlassen – aber praktisch gleichzeitig schon wieder durchstarten, weil du sonst an der Uraniabrücke vorne die nächste Orange-Phase verpasst. Und dann kannst du dir die Bestzeit sonstwohin schieben.

So geht das stundenlang dahin, Runde um Runde. Mal stehst du im Stau, mal machst du locker Tempo 30 mal vier, und immer vibrierst du dabei innerlich noch heftiger als deine Zylinderchen. Und jetzt stell dir vor: Ausgerechnet heute, an diesem superschönen landesweiten Auto-Totaltag, habe ich meine Tour zum erstenmal unter fünf Stunden geschafft. Volle neun Minuten schneller als am letzten Abstimmungssonntag. Viersiebenundfünfzigkommazwo! Ohne Busse, ohne Schwarzweißföteli, ohne dass mir ein fluchender Fußgänger den Rückspiegel abgerissen hätte. Einfach blitzsauber durchgekommen.

Ich sage dir, es gibt Tage, die vergisst du dein Leben nie!

8:4 Sonntag

Der Sonntag ist, wie man weiß, der ödeste Tag der Woche, und ganz besonders öde ist der Sonntagnachmittag: Das Wochenende ist praktisch schon zu Ende, und der Wochenanfang hat noch nicht angefangen, und so hängt man haltlos zwischen zwei Aggregatzuständen herum, hört auf DRS 1 diese ekelhaft munteren Walzermelodien und denkt, dass man jetzt spazieren gehen sollte, weil draußen die Sonne ja so ekelhaft scheint und weil es praktisch schon Sommer ist, zumal am Himmel über Züri zwischen all den abgehenden Flugzeugen auch schon wieder ein paar ankommende Vögel herumkurven und weil vor der Oper schon wieder ein paar Zünfter mit ihren Zündhölzli spielen.

Was tun, wie überleben, an so einem penetrant gut gelaunten Sonntagnachmittag?

Peng! Das war die Antwort aus dem Parterre des Nachbarhauses: zwei zuknallende Fensterläden.

Dort drüben wohnt ein netter Italiener, der die ganze Woche über brav im eidgenössischen Morgengrauen aufsteht und jeden zweiten Donnerstag brav seine Zeitungen bündelt und Ende November brav für zwanzig Franken Pro-Juventute-Marken kauft – der aber andererseits gerade an solch ekelhaft sonnigen Sonntagnachmittagen wie heute plötzlich wieder seine apenninischen Wurzeln spürt. Peng! Fensterläden zu, Fernseher an, buona domenica! So einfach macht er sich das, der gute Mann.

Nun, wieso auch nicht? Probieren geht über spazieren!

Peng! Fensterläden zu, Fernseher an, Füße hochgelagert, und schon erfreut mich Rai uno mit Ornella Muti, welche sich gerade mit Männern prügelt. Ich denke: Hoppla, ein Actionfilm so kurz nach dem Kirchgang! Aber es ist nur eine Reklame für blutabstoßende Büstenhalter, und jetzt beginnt auch schon die familienfreundliche Unterhaltungssendung «La domenica in ...»

Heute kommt sie live aus einer öden Stadt namens Maranello, genauer aus einem dortigen Studio, von wo uns ein Moderator namens Carlo (oder so) selbstgefällig entgegengrinst, weil er von einer Horde praktisch nackter Frauen mit gefriergetrocknetem Lächeln umzingelt ist, welche Adriana, Franca, Natali heißen. «Heute sind wir also in Maranello», sagt Carlo, «das heißt: in der Emilia Romagna, denn heute ist ja der Gran Premio d'Imola, das heißt: heute ist Ferrari-Tag!» *Schnitt.* «Non c'è Ferrari senza belle donne!» brüllt ein Reporter namens Carlo oder so. Er steht auf dem deprimierenden Marktplatz von Maranello, wo wir allerlei rote Ferraris sehen, auf deren Kühlerhauben allerlei praktisch nackte Frauen sitzen, die um ihr Gleichgewicht ringen.

Der Bürgermeister sabbert etwas Staatsmännisches, eine Blasmusik scheppert, und ein melancholischer Koch erklärt, wie man Maccheroni alla sowieso macht. *Schnitt.* Zurück im Studio, Carlo stellt seine Gäste vor: zuerst vier berühmte und praktisch nackte TV-Ansagerinnen; dann Frau Fisichella, deren berühmter Mann jetzt dann gleich in Imola aus der vorletzten Reihe startet; dann Frau Nannini, deren berühmter Mann einst in Imola oder sonstwo in eine Wand gefahren ist; dann eine Frau namens Paola, die noch einigermaßen angezogen ist, dem johlenden Publikum aber für den Fall eines Ferrari-Sieges einen Bauchtanz verspricht. *Schnitt.* Pavarotti singt für die Pfefferminzpastillen-Firma Tic-Tac die Arie «Vincerò». *Schnitt.*

Nahaufnahme von Michael Schumacher, der sich, gesponsert von Tic-Tac, auf den Start vorbereitet. *Schnitt.* Schumachers Ferrari-Kollege Barrichello preist einen Gesundheitsschuh der Firma Valleverde, der sich offenbar dank Aria condizionata für Bleifüße besonders eignet. *Schnitt.* Der Gran Premio beginnt, die roten Ferrari-Brigaden schwenken ihre Fahnen, die Autos drehen sich die nächsten zwei Stunden im Kreis – kommentarlos, weil Italiens TV-Sportjournalisten teilzeitstreiken.

Also schalte ich auf Rai due um, wo gerade eine kuriose Fußballsendung läuft: Im Studio sitzen geschniegelte Männer und praktisch nackte Frauen herum und starren auf Bildschirme, wo offenbar die aktuellen Partien der Serie A zu sehen sind. Zwischen diesen Fernsehern und Fernseherinnen tigert ein Moderator namens Carlo oder so herum und stellt absurde Fragen oder klopft Sprüche oder schaltet in irgendein Stadion um. *Schnitt.* Wir sehen auf einer Tribüne Männer und Frauen, die uns erzählen, was unten auf dem Rasen so läuft. Fällt ein Tor, springen sie auf, und die Kamera schwenkt auf ein paar jubelnde Spieler (den Ball sehen wir nie, weil das runde Leder nämlich TV-rechtlich einem Pay-TV gehört), und schon sind wir wieder bei Carlo im Studio, wo sich gerade zwei Roberto-Blanco-Verschnitte darüber streiten, ob die Juve nun doch Meisterin werde, bis ein Gong ertönt und ein asiatisch aussehender Italiener mit hüftlangem Indianerhaar zu den Klängen von «Freude schöner Götterfunken» verkündet, dass Lazio in Rom soeben in Führung gegangen sei, was Carlo dazu bewegt, nach Neapel umzuschalten, wo uns ein steinaltes Ehepärchen mit glänzenden Äuglein und hellblauem Napoli-Schal einen gerade gefallenen Ausgleichstreffer beschreibt und uns dann anvertraut, dass sie sich jetzt scheiden lassen wollen, weil man sich in letzter Zeit auseinandergelebt habe, zumal sich Frauchen nur noch für fünf ausgewachsene Dobermänner interessiert (stolz hält sie ein Bild voller Hunde vor die Kamera) und kein bisschen mehr für das angetraute Männchen. *Schnitt.* Moderator Carlo verliest im Studio die Schlussresultate und verkündet, dass Ferrari in Imola gewonnen habe, worauf das Studiopublikum in «Schumi! Schumi!»-Rufe ausbricht und ich auf Rai uno zurückschalte, wo Moderator Carlo eine praktisch nackte Frau grinsend fragt: «Schöne, willst du eine Runde auf meinem Bizeps drehen?» ...

Peng! Im Parterre des Nachbarhauses fliegen die Fensterläden auf. Ich schiele durch die Lamellen: Der nette Italiener gießt seine Primeli, die Sonne ist weg, der Sonntagnachmittag überstanden.

Das nennt man Nachbarschaftshilfe.

9:4 Im Odeon

Seit einiger Zeit ist Thomas wie verwandelt. Er steht früher auf, er geht aufrechter, er drückt sich deutlicher aus. Er hat einen neuen Haarschnitt, er trägt Kaschmirpullover, und jetzt hat er sich letzten Samstag auch noch den neuen Audi gekauft. Sie wissen schon: *den* neuen Audi.

«Ja, es stimmt», sagt Thomas, als wir am Sonntagabend auf der Terrasse des Café Odeon bei einem Martini sitzen, «es geht mir besser, seit einiger Zeit. Viel besser.»

Dazu muss man wissen, dass dieser gleiche Thomas bis vor kurzem ein vom Schicksal gedungener Stimmungskiller war. Egal zu welcher Tages- oder Nachtstunde man ihn antraf – es ging ihm immer jämmerlich, und das ließ er auch jeden wissen.

Für etwas Abwechslung sorgten höchstens die Variationen seines Unglücks: «Niemand liebt mich.» «Meine Sonnenblumen sind verdorrt.» «Ich habe Ameisen im Kühlschrank.» «Niemand liebt mich.» «Mein Halbtax ist abgelaufen.» «Die Johanniskrautkapseln haben wieder aufgeschlagen.» «Niemand liebt mich.» ...

Und so weiter.

Woher aber jetzt dieser plötzliche Stimmungsumschwung? Woher dieser Glanz in seinen Augen? Dieses zufriedene Grinsen? Dieses optimistische Aftershave?

«Das alles», sagt Thomas am Sonntagabend auf der Odeon-Terrasse, «habe ich Peter zu verdanken.» Bedächtig rührt er im zweiten Martini und holt, als er aus dem Augenwinkel meinen fragenden Blick auffängt, zu einer Erklärung aus. «Dank Peter weiß ich jetzt, dass das alles durchaus Sinn machen kann: die Arbeit, die Aufopferung, dieses Land, dieses Leben.» Denn Peter habe es nicht nur persönlich sehr weit gebracht, nein, er habe gleichzeitig auch die Schweiz und die Schweizer wieder zu etwas gemacht, nämlich zu einem Faktor, weltweit. Ja, Peter sei das Beste, was diesem Land seit Lilo Pulver passiert sei.

Dazu muss man wissen, dass Thomas mit Peter den Autokonstrukteur Sauber aus Hinwil meint. Und dass dieser Peter Sauber am Sonntag seinen hundertsten Punkt in der Formel-1-Weltmeisterschaft gewonnen hat.

«Weißt du», fährt Thomas fort, «dank Peter Sauber bin ich drauf gekommen, dass man mir alle meine Probleme nur eingeredet hat. Schon seit frühester Jugend.» Er könne sich nämlich genau erinnern, wie glücklich er eigentlich gewesen sei, damals, an jenen langen Sonntagnachmittagen seiner Kindheit: als Regazzoni noch auf Lauda-komm-raus! seine rasenden Runden drehte; als das Autofahren noch dreckig und Sauber selber noch ein kleiner Mechaniker war. Damals sei er, Thomas, genau wie er, Peter, ein vergifteter Formel-1-Fan gewesen. Gedankenlos und glücklich.

«Aber dann hat eben das große Kesseltreiben begonnen», sagt Thomas beim Einnachten auf der Odeon-Terrasse. «Schon in der Primarschule mussten wir statt Turnen durchs Tobel kriechen und alte Autopneus aus den Bächen fischen. In der Naturkunde rechnete uns der Lehrer vor, dass jeder einzelne VW Käfer in einem Jahr mehr Luft verbrauche als einer von uns in seinem ganzen Leben.» Ford ist Mord!, habe der Lehrer in der Heimatkunde immer wieder gerufen und dass die Erdölkrise ein wahrer Segen sei.

Diese Gehirnwäsche sei ihm so nahe gegangen, sagt Thomas im Lichtkegel eines vorbeirauschenden Cabrios auf der Odeon-Terrasse, dass er dann mit vierzehn aus Umweltschutzgründen auf das Töffli verzichtet habe. Und damit übrigens auch auf seinen Schulschatz Gabi, die dann halt mit einem anderen davongefahren sei. «Ich trat statt dessen dem WWF bei, und auch sonst ging es bergab mit mir. Mit achtzehn machte ich statt dem Billett einen Batik-Kurs, statt ins Militär ging ich zum Psychiater, statt Maschinenbau studierte ich Botanik und hatte auch sonst keine Ahnung, was ich wollte und sollte auf der Welt.»

So oder so ähnlich müsse es ganz vielen gegangen sein, sagt Thomas, während er die Olive aus seinem Martini fischt. «Irgendwie ist meine Generation die ganze Zeit den falschen Lehrern nachgelaufen. Sonst stünde dieses Land jetzt nicht dort, wo es heute steht. Ich sage nur: Swissair! Ich sage nur: Schöneich! Und ich sage dir: Unter Peter Sauber wäre das alles nie passiert!»

Dazu muss man wissen, dass es Peter Sauber nämlich mit Hilfe von österreichischen und malaysischen Sponsoren, italienischen Motoren, japanischen Pneus sowie deutschen und finnischen Fahrern gelungen ist, sein Schweizer Rennauto an der Spitze zu etablieren. Mit bilateraler Verschalung und globaler Aufhängung gegen den Rest der Welt. Formel Tell, sozusagen.

«Ich meine, hast du ihn gesehen, heute, im Sportpanorama, den Peter?», fragt Thomas, während die Odeon-Kellner neben uns die Stühle aufstapeln. «Hast du gehört, wie das Publikum gejauchzt und getobt hat? Und wie der Moderator fast geschluchzt hat, als er Peter zur Feier des Tages eine Torte mit den Zuckerguss-Schriftzügen aller Sponsoren überreichen durfte? Und hast du vor allem gehört, was Peter Sauber in dieser Stunde seines Erfolges gesagt hat?»

Sauber sagte, dass er am Montagmorgen um acht wieder im Geschäft sein werde. Und dass er hoffe, dass sich seine Autos und seine Rennfahrer auch demnächst in Monaco wieder als zuverlässig erweisen würden. Und dass er, wenn alles gut gehe, am liebsten bis zu seiner Pensionierung weiterarbeiten wolle.

«Das Leben ist wie eine gute Autofahrt», sagt Thomas, während wir aufstehen, «nämlich einfach und gradlinig. Man muss es nur zulassen.»

0:5

FEINDBILDER

1:5 Der Platzwart

Auch in diesem Sommer werden landauf, landab wieder zahllose Spieler beschimpft, Trainer entlassen und Präsidenten gesteinigt. Und wieder trifft der Volkszorn die Falschen. Denn die alleinige Schuld am Niedergang des Schweizer Fußballs und des schweizerischen Sports überhaupt tragen nicht die Protagonisten, keine Koryphäen, sondern eine vermeintliche Randfigur. Ein stiller Schaffer. Ein scheinbar gutmütiger, scheinbar harmloser kleiner Handwerker. Ein sogenannter dienstbarer Geist, der aber in Tat und Wahrheit eine menschgewordene Machtkonzentration ist, ja die Verkörperung des Hinterhältigen, des Miesen und Fiesen, ja des Bösen an sich.

Die Rede ist vom Platzwart.

Theoretisch gibt es in diesem Lande sehr viele Platzwarte, doch im Grunde handelt es sich bei ihnen immer um ein und denselben Typ. Der klassische Platzwart ist um die Fünfzig, übergewichtig, rotnasig, wabberwangig und hat seit Geburt eine hohe Stirn. Er trägt Tag und Nacht einen autoblechblauen Arbeitsmantel, gräuliche Rohner-Tennissocken, abgelatschte Adidas-Schlarpen sowie eine bräunliche Sonnenbrille, kombiniert mit einer paramilitärischen Kopfbedeckung, einer tarnfarbenen Mütze. Der klassische Platzwart ist Schnauzträger, Reader's-Digest-Abonnent, erdnüsslisüchtig. Neben dem Fernsehen hat er während 24 Stunden nur eines im Sinn: Sportverhinderung.

Nehmen wir zum Beispiel Herrn T. Dieses besonders abschreckende Exemplar eines Custos locorum hat im Laufe seiner vierzig furchtbaren Dienstjahre ungezählte zarte Sportlerkarrieren im Keime erstickt. Ja, der Mann hat ganze Generationen hoffnungsvoller Jahrhunderttalente – darunter meines – in erzwungener Untätigkeit verkümmern lassen. Herr T. war nämlich Herr über ein kleines Rasengeviert, den einzigen theoretisch öffentlichen Sportplatz in der Zürcher Landgemeinde M. bei U. Dieses sogenannte Spielfeld wurde im Jahr 1968 erbaut, ohne dass es dann je von einem Fussball oder einem anderen Sportgerät berührt worden wäre. Weil es nämlich seither 33-mal 365 Tage lang gesperrt war. Auf Anweisung des Platzwarts natürlich, und unter Androhung von Prügelstrafen oder seelischer Grausamkeit.

Das einzige, was sich auf diesem Sportsperrgebiet hin und wieder veränderte, waren die Begründungen, mit denen Herr T. die Rasenbenützung blockierte, während er genüsslich seine zwei Dutzend «Betreten verboten»-Schilder an den Seitenlinien aufstellte. Das Gras sei zu feucht, hieß es meistens, oder die Wetterprognose zu schlecht, der Nebel zu dicht, der Grundwasserspiegel zu hoch. Wurde diese seichte Argumentationslinie einmal durch eine mehrmonatige Dürreperiode zum Bröckeln gebracht, beschloss Herr T. kurzerhand: «Das Gras ist zu schwach, die Erde zu angegriffen. Außerdem habe ich neulich feinste, furchtbar verletzliche Rasensamen gesät.» Und im übrigen sei das Sporttreiben bei so intensivem Pollenflug sowieso ungesund.

Unter solchen Redensarten wurden in der Gemeinde M. während der späten sechziger, der siebziger, achtziger und neunziger Jahre alle Fußballspiele und Grümpelturniere abgesagt, die Turnstunden ausnahmslos in den Singsaal verlegt oder durch Waldspaziergänge ersetzt. Scharf bewacht von Herrn T., wuchsen jahrgangsweise im Prinzip gesunde Schweizer Kinder in völliger Sportfreiheit, ja in zermürbender Bewegungslosigkeit heran. Und weil Herr T. in diesem Land nicht die Ausnahme, sondern die Regel ist, muss sich heute niemand wundern, wenn dieses Land an Olympischen Spielen höchstens noch im Zeitmessen Spitzenresultate erzielt.

Derweil lachen sich Armeen von Blaumänteln täglich ins Fäustchen. Während sie ihre Verbotsschilder polieren, auf verlassenen Schulhöfen Basketballkörbe abmontieren, Initiativen zur Abschaffung des Schulturnens einreichen oder ganz einfach dem Gras beim ungestörten Wachsen zuhören, träumen diese Männer von ihrem großen gemeinsamen und gar nicht mehr so fernen Ziel: Dass sich der aktiv betriebene Schweizer Sport dereinst nur noch auf jene zwei Sparten beschränken möge, zu denen sich kein Platzwart von Standesbewusstsein je verirren würde! Orientierungslaufen und Obligatorischschießen.

2:5 Der Nachwuchstrainer

Sehr geehrter Trainer,

hiermit muss ich Ihnen mitteilen, dass mein Sohn leider nicht länger bei Ihnen Fußball spielen kann. Wie Sie wissen, wird jetzt auch in der Primarschule die Belastung pausenlos größer. Während wir damals ja noch jederzeit Schitliverbannis, Räuber-und-Poli und eben vor allem Fußball spielen konnten, werden die armen Kleinen heutzutage vom Unterricht total absorbiert. «Englisch für Windelträger», «Computer für Daumenlutscher». Und kaum dass sie aufrecht gehen können, ist das Bisschen Kindheit auch schon vorbei!

Dieser Druck auf unsere Jüngsten ist doch einfach unmenschlich. Aber was will man? Sicher nicht, dass mir der Köbi dereinst vorwirft, ich hätte ihm das Leben verpfuscht. Weil ich ihn in den Fußballklub schickte. Statt in «Internet für Abgestillte».

Nun, ich hoffe sehr, geehrter Trainer, dass Sie und die E-4-Mannschaft unseres FC Seefeld auch ohne Köbi Furore machen werden. Allerdings würde mich das eher wundern. Erstens, weil Köbi, wie Sie ja am besten wissen müssten, ein Jahrhunderttalent ist (übrigens das einzige in diesem Verein). Zweitens, weil Sie, Trainer, ich darf das bei dieser Gelegenheit doch einmal antönen, als Betreuungsperson wohl nicht immer ganz geeignet sind.

Ich denke da etwa an das Auswärtsspiel vom vorigen Wochenende in Küsnacht oben. Ich meine, was haben Sie sich eigentlich gedacht bei der Kaderzusammenstellung, Trainer? Wie in aller Welt sind Sie zum Beispiel auf die Idee gekommen, derartige Flaschen wie Marco und Päuli aufzustellen? Wenn diese Kummerbuben in einem Match mehr als total drei Feldbreiten laufen, kannst du ein Kreuz in den Rasen graben. Oder so eine Null wie Peter? Wenn der je den Ball berührt, dann nur, weil er nicht mehr rechtzeitig ausweichen konnte, der kleine Fettsack.

Ja, Trainer, ich habe schwer den Verdacht, dass Sie die Aufgebote aus Faulheit oder Inkompetenz einfach alphabetisch verschickt haben. Reiner Zufall, dass zwischen A und O auch ein Torhüter figurierte, wenn auch Chrigel Nauer, diese Pfeife. Ich wette, wir hätten glatt zu null aufs Dach bekommen, wenn die kleinen Küsnachter Steuerfuß-Baller nicht noch degenerierter wären als unsere x-beinigen Bewegungstrottel.

Jedenfalls rechtfertigt der glückhafte 3:0-Sieg noch lange nicht, dass Sie Köbi nicht einmal auf der Ersatzbank sitzen ließen. Glauben Sie vielleicht, ich sei bloß zum Vergnügen extra mitgefahren? Meinen Sie, ich hätte am Sonntag nichts anderes zu tun, als blöd herumzustehen und mir unbekannten Knilchen beim Bällelen zuzuschauen? Für was zahle ich dem FC Seefeld denn hundertachtzig Franken Jahresbeitrag, den ich immer auf saubere zwohundert aufrunde? Damit so ein Westentaschen-Hitzfeld meinem Sohn schon mit neun alle Chancen zur Topkarriere nimmt? Mit welchem Recht können Sie sich solche schwerwiegenden Entscheide anmaßen? Wegen eines kleinen Diplomfetzens, den Sie sich an einem Mittwochnachmittag in der Migros-Klubschule verschafft haben?

Apropos: Wieso hat eigentlich ein Mann wie Sie, Trainer, noch kaum fünfzig, einfach so Zeit, jede Woche zig Stunden lang mit Kindern herumzutollen? Sind Sie womöglich ein Arbeitsloser? Ein Ausgesteuerter? Ich glaube, ich werde mich mal beim Präsidenten erkundigen müssen.

Was ich fordere, ist klipp und Klarheit bei der Mannschaftsaufstellung. Ich will Transparenz bei der Rückennummern-Vergabe. Es kann ja nicht so kompliziert sein, Trainer, da ein allgemein verständliches System zu finden.

Wenn ich mich zum Beispiel erinnere, wie einleuchtend das damals noch vor sich ging, als ich GC-Junior war. Da spielten bei den Auswärtsmätschen halt zuerst einmal die Buben, bei denen die Alten jedes Mal mitfuhren. Mittelstürmer war immer der Louis, dessen Vater im Bentley kam. Zwar hat Louis dann nie ein Tor geschossen, aber deswegen hätte doch keiner reklamiert! Hauptsache, man durfte mal mitfahren auf dem Hintersitz, wo es einen eigenen Kühlschrank gab voll mit Coki.

Mein Papi fuhr damals Audi 100, also obere Mittelklasse, was für mich einen Stammplatz im offensiven Mittelfeld bedeutete, Nummer 10. Und die restlichen Positionen in der Startaufstellung gingen meistens an DKW und VW Kastenwagen. Schon die Käfer mussten auf die Bank.

Sehen Sie, Trainer, etwas in der Art müssten Sie sich einfallen lassen! Vielleicht müsste das Auswahlsystem ein wenig moderner, sagen wir, ein wenig demokratischer sein. Aber jedenfalls sollen die Kinder wissen, woran sie sind. Und dann Schluss mit diesen sinnlosen Qualitätsdiskussionen! Nieder mit dem Primat des Leistungsprinzips! Ich meine, es geht doch hier letztlich um Sport und vor allem um Nachwuchsförderung. Da kann man schon mal über seinen Schatten springen!

Sehen Sie, Trainer, ich gehe gleich mit gutem Beispiel voran: Ich werde nun nämlich doch keine Kopie dieses Schreibens an den Klubpräsidenten schicken. Wäre ja gelacht, wenn man sich unter erwachsenen Fußballfreunden nicht zusammenraufen könnte!

Also: Mein Köbi bleibt natürlich bei Seefeld. Und selbstverständlich komme ich nächsten Samstag sehr gerne an den Auswärtsmatch nach Herrliberg. Damit Sie gleich disponieren können, Trainer: In meinem neuen Merz hat es ohne weiteres noch Platz für zwei, drei anständig erzogene Auswechselspieler.

Mit sportfreundlichen Grüßen, Ihr …

3:5 Der Österreicher

Im Grunde hatte ich schon immer eine starke Abneigung gegen den Österreicher. Irgendwie ist er mir einfach zu penetrant mit seinem Küss-die-Hand-Getue, und kaum drehst du dich um, macht er eine Grimasse wie ein Marillenknödel oder tritt dich in die Kniekehle und hilft dir dann dienernd auf die Beine und verlangt zehn Schilling Trinkgeld dafür. Der kann dir locker auf die Bibel oder auf die Verfassung oder auf die Sachertorte schwören und ist trotzdem geschmiert oder gedopt.

Ich sage nur: Glaub ihm kein Wort! Ich weiß, man soll nie verallgemeinern, aber irgendwie weißt du beim Österreicher nie, ob er dich anlächelt oder dir die Zähne zeigt. Da sind mir wir schon lieber. Wir Schweizer lachen uns zwar nie an, weil wir uns meistens nicht mögen, aber das wenigstens ehrlich.

Dass der Österreicher von Haus aus gemein ist, zeigt zum Beispiel das Beispiel Toni Polster. Dieser höchst mittelmäßige österreichische Mittelstürmer hatte schon immer und nicht erst, seit er nun auf die Vierzig zutrottet, einen Aktionsradius von einem Bierdeckel. Er brauchte schon mit Zwanzig etwa eine Viertelstunde auf hundert Meter, und trotzdem hat er in der Bundesliga mehr Tore geschossen als sämtliche dortigen Schweizer zusammen, weil er ein fieser Hund ist. Immer erzählt er die halben neunzig Spielminuten lang abstruse Wiener Witze, klopft sich dabei vor Lachen selber auf die Schenkel und gleichzeitig seinen Gegenspielern freundschaftlich auf die Schulter – nur damit er sie dann bei Gelegenheit besser am Kragen niederreißen kann, worauf er schon wieder ein Tor schießt, während sein Gegenspieler vom tobenden Trainer wegen Dummheit vor dem Feind für fünf Wochen auf die Tribüne verbannt wird.

Fast jeder Österreicher ist so wie Toni Polster, hinterhältig und gemein.

Dass ich im Grunde schon immer eine starke Abneigung gegen den Österreicher hatte, hängt allerdings weniger mit Toni Polsters tätschelnden Tätlichkeiten zusammen als mit meinem unglücklichen Jahrgang. Wer als Schweizer so um 1960 das Licht der Sportwelt erblickt hat, gehört unweigerlich zur *Losing generation*, zu den lausigen Verlierern. Oder was glauben Sie, weshalb die Söhne und Töchter dieses Landes jahrzehntelang in egal welcher Sportart einfach keinen Blumentopf gewinnen konnten? Weil wir kollektiv im Gefühl der permanenten Niederlage sozialisiert worden sind. Weil wir eine ganze Kindheit und Jugend lang reihenweise Österreicher wie diesen ewig gewinnenden Klammer oder diese seriensiegende Pröll vor Augen hatten. Weil immer Niki Weltmeister wurde und nie Clay, der ihn aus dem Auto gezogen hatte. Weil Hans Krankl in Cordoba die Deutschen mit einem Jahrhundert-Solo in den Keller schoss und nicht Claudio Sulser mit seinem Jus-Studium. Weil wir in der Schule «Die Angst des Tormanns beim Elfmeter» von Peter Handke lesen mussten statt «Eigentlich möchte Frau Meier den Schiedsrichter kennenlernen» von Peter Bichsel. Weil Wolfi Mozart statt Mani Matter. Weil Klimt statt Knie. Weil Kommissar Rex statt Wachtmeister Glauser. Nichts als Niederlagen. Nichts als psychische Hintansetzungen. Nichts als seelische Grausamkeiten.

Wie, bitte schön, sollen in einem solchen durch und durch austrifizierten K.-und-k.-o.-Klima denn schweizerische Siegertypen heranwachsen?

Und so muss meine im Grunde schon immer geradezu genuine Abneigung gegen den Österreicher momentan natürlich schon astrein austrophobe Ausmaße annehmen. Wie denn nicht, wenn doch heutzutage pro Schweizer, der in der Abfahrt überhaupt noch das Ziel erreicht, zwanzig frisch gewachste Tiroler Jungtalente die Skigymnasien verlassen? Wie denn nicht, wenn doch heute pro Schweizer Kind, das gesund und unschuldig zur Welt kommt, Hermann Maier mit seinem DDR-Doktor im Durchschnitt vier bis fünf Skirennen gewinnt? Wie denn nicht, wenn doch die Österreicher durch Zwangseinbürgerungen von ehemaligen Russen inzwischen sogar schon im Langlauf Weltmeister werden, während wir Schweizer Grenzwächter im Weltcup nicht mal mehr eine Mixed-Staffel zusammenbekommen? Ich meine, stellen Sie sich mal das Trauma vor, das man unserer Jugend dieser Tage in die Seele tätowiert! All unsere hoffnungsvollen achtziger Jahrgänge, all die vielversprechenden Neunziger, all die jetzt zu uns stoßenden Nullen! Schon wieder nichts als Loser! Schon wieder nichts als designierte Lachnummern! Schon wieder nichts als Zielscheiben für sieg- und sonst trunkene ORF-Reporter!

Ja, ich weiß, man soll nicht verallgemeinern. Ja, ich weiß, dass schon die Bibel sagt, du sollst dir keinen Österreicher machen. Aber das kann doch nicht immer so weitergehen. Irgend jemand muss doch dieses von Grund auf verderbte Volk in die Schranken weisen. Isolieren, boykottieren, diffamieren, was weiß ich. Nur schnell muss es gehen. Sonst hat die Welt die Schweizer Nationalhymne bald zum letzten Mal gehört.

4:5 Beim Bündner

Lieber Juan,

nur um das gleich klarzustellen: Wir dürfen die Olympischen Winterspiele 2010 auf gar keinen Fall in dieses grauenvolle Graubünden vergeben! Es wäre die größte Dummheit seit unserem Desaster in Albertville. Fast eine Woche lang habe ich hier, wie von Dir befohlen, Land und Leute auf ihre Olympiatauglichkeit geprüft, und das Fazit ist wie meine momentane Laune: verheerend!

Deine romantischen Anti-Filz-Reformen in Ehren, aber müssen wir deshalb die kandidierenden Olympiaorte wirklich gleich total inkognito testen? Natürlich sehe ich ein, dass die goldenen Zeiten der roten Teppiche und der Rolex auf dem Nachtkissen vorbei sind. Aber müssen wir Olympier deshalb wirklich gleich als einfache Touristen verkleidet in muffigen Mittelklass-Hotels hausen? Und undurchsichtige Gerstensuppen löffeln?

Ich meine, irgendwo hat doch alles seine Grenzen. Sogar die Objektivität.

Du musst jetzt nicht schon wieder herumschreien, Juan, und wutschnaubend Deinen spanischen Sturschädel schütteln wie ein umzingelter Stier in der Arena von Pamplona. Ganz ruhig, Du bekommst ja Deinen Bericht über diese tiefgefrorene Schweizer Wildnis, die so gern olympisch würde.

1. Tag: Ankunft in einem offenbar besonders typischen Graubündner Wintersportort namens Pantnez, Praspels, Parsompf oder so (ich hab's schon wieder verdrängt). Ich checke anweisungsgemäß im durchschnittlichsten Dreistern-Hotel der Gegend ein, im «Alpenblick». Der Hotelier teilt mir zur Begrüßung mit, dass das Abendessen um 19 Uhr beginne und um 20 Uhr ende, Frühstück bis 10, und dann sagt er eine Woche lang nichts mehr. Im Zimmer gibt's keine Minibar, den Fernseher muss man für 10 Franken pro Tag mieten, durch die Fenster zieht's, und die Stromsparglühbirnen in den Lampen sind so düster, dass ich auf dem roten Buch im Sperrholz-Nachtkästchen kaum das Wort «Bibel» entziffern kann. An der Wand hängt ein Pferdeschlitten von einem Maler namens Clarzigel oder so. Obwohl mindestens die Hälfte der Leinwand noch weiß ist, kann man das Bild schon kaufen. Um 19 Uhr 15 ruft ein Kellner an und fragt, wo ich denn bleibe. Ich habe um diese Zeit natürlich noch keinen Hunger, löffle aber bald brav die Menu-Gerstensuppe und gurgle dazu einen zweitklassigen Rioja für 64 Franken.

2. Tag: Heute muss ich laut Fahrplan nach Flims, Curling-Bahnen anschauen. Aber draußen schneit es seit 24 Stunden kalt und kitschig wie im Kino. So bleibe ich lieber drinnen und setze mich ins sogenannte «Stübli». Das ist dort, wo man in Graubünden hockt, wenn man eigentlich etwas anderes zu tun hätte. In der regionalen Zeitung steht, dass Zürich bei «Graubünden 2010» nicht mitmachen wolle, was eine Sauerei sei, weil die Zürcher nämlich sonst immer so täten, als ob ihnen ganz Graubünden gehörte, was ja auch stimme, wenn man sich die Bodenbesitzverhältnisse anschaue. Am Abend tauche ich den Löffel punkt 19 Uhr in die Gerstensuppe. Der Rioja-Vorrat ist bereits erschöpft, und der Kellner empfiehlt mir einen einheimischen Rebensaft à 75 Franken. Ich hingegen trinke, wie befohlen, billigen Rotwein, nämlich aus dem Wallis, obwohl ich den abgestandenen Dôle von «Sion 2006» noch auf der Zunge habe.

3. Tag: Heute muss ich nach St. Moritz, Schanzen und Bobbahnen anschauen. Aber es schneit immer noch so stark, dass kein Hund vors Haus mag. Ich miete mir einen Fernseher, doch man zeigt nur schlechte Wetterberichte oder triste Analysen früherer Lawinenkatastrophen. Also gebe ich das Gerät zurück. Die Männer im «Stübli» schimpfen auch über die Zürcher oder über andere Graubündner oder über das Olympiaprojekt. Offenbar wollen die hiesigen Initianten mit Hilfe von Olympia eigentlich bloß arbeitslose Bagger beschäftigen oder verschuldete Sportgeschäfte retten oder Bundesrat werden. Also genau wie in Salt Lake City, Sidney, Sion oder sonstwo. – In der Zeitung steht, dass die St. Moritzer die historische Tennishalle des «Palace» (wo Du ja gern absteigst, Juan) in einen Konzertsaal umbauen wollen. Die halten die Half pipe wohl für eine Orgelpfeife.

4. Tag: Heute muss ich nach Davos, Loipen anschauen. Aber inzwischen verstellt die Schneemauer vor der Tür schon den «Alpenblick». Im «Stübli» hockt der dienstälteste Langlauflehrer, den man im Dorf wegen seiner weißen Haare den «Loipen-Schimmel» nennt. Er erzählt, dass die Skischul-Guardia ihm verboten habe, bei schlechtem Wetter mit seiner Kundschaft in die Beiz zu gehen, weshalb er jetzt allein hier sitzt. Ich lade ihn zum Trost auf eine Gerstensuppe ein. Später gehe ich in den Fernsehraum, um mir die Übertragung des Weltcup-Langlaufs aus dem Wallis anzuschauen. Leider wird unser Landsmann Juan Muhlegg ein Opfer irregulärer Verhältnisse, und ich beglückwünsche uns ein weiteres Mal, dass wir «Sion 2006» bachab geschickt haben.

5. Tag: Heute muss ich auf die Lenzerheide, Skipisten anschauen. Aber bei dem Schneesturm ließe sich nicht mal ein verkürzter Sprint-Slalom abhalten. Also bleibe ich im «Stübli», was etwas schade ist, weil man auf der Lenzerheide offenbar die besten Gerstensuppen von ganz Graubünden bekommt. Inzwischen ist auch der billige Walliser Wein weg. Ich trinke aber aus Trotz immer noch keinen hiesigen, sondern piemontesischen und stoße mit dem Loipen-Schimmel auf «Torino» an.

Letzter Tag: Heute muss ich zurück nach Chur, Eishallen anschauen. Das Wetter wird besser, es regnet in Strömen. Im stockfinsteren Hallenstadion verprügelt der lokale Eishockeyklub wehrlose Westschweizer. In der Zeitung steht, dass die Churer Bürger den Bau eines neuen Eisstadions vor einem Vierteljahrhundert beschlossen, dann aber alle Konsequenzen konsequent abgelehnt hätten. Das erinnert mich irgendwie an Deine wohlklingenden, aber undurchführbaren Anti-Filz-Reformen, Juan.

Und daran, dass ich jetzt inkognito auf IOC-Kosten von Chur zur Kur auf eine Südseeinsel fahre.

5:5 Das Pferd

Das Wochenende begann mit einer weiteren Enttäuschung. Hoch und heilig hatte mir Hans eine VIP-Einladung zum VIP-Nachmittag im VIP-Sektor am Concours very Spécial im Hallenstadion versprochen. Und wider besseres Wissen hatte ich mich irgendwie darauf gefreut: wieder einmal Pferde sehen! Noch dazu derart erstklassige! Noch dazu so ganz aus der Nähe!

Aber dann hat er sich einfach nicht mehr gemeldet, der Hans. Hat es wohl vergessen. Oder ich war ihm doch nicht vornehm genug. Zu wenig hip, zu wenig hippique. Viel zu wenig VIP-ig. Nur eine Very Insolvent Person. Kein Umgang für einen hochzurösselnden Hans.

Und so fügte sich ein weiteres Kapitel in mein ganz persönliches Drama. In diese unendlich traurige Pferdegeschichte, die mich seit Kindesbeinen wie ein Fluch begleitet.

Eigentlich hatte ja alles ganz normal angefangen. Wie alle gesunden Kinder konnte ich kaum gehen, da wollte ich auch schon reiten. Sicher, meine Kindheit war einerseits wie ein einziger Fußballmatch. Aber andererseits ist meine Jugend im Rückblick auch tapeziert mit Erinnerungen an springende Pferde und wehende Mähnen.

Mit vier machte ich an einem Caran-d'Ache-Malwettbewerb mit, um ein Pony zu gewinnen. Mit sechs las ich «Silberpfeil» und bangte vor dem Fernseher um «Fury». Mit sieben stand ich auf Karl Mays Vollblüter, ritt mit acht an der Seite von Federica de Cesco, rauchte mit neun meine erste Marlboro, um pünktlich mit zehn bei den Eltern die erste Reitstunde zu erpressen.

Diese hätte an einem Mittwochnachmittag in Höngg stattfinden sollen. Doch dann stand da im Stall so ein Typ und drückte mir statt der Zügel einen Striegel in die Hand. Fuchtelte statt mit der Peitsche mit dem Besen. Aber versaute Zimmer aufräumen konnte ich auch zu Hause. Weshalb ich anderntags, vom Pferdesport enttäuscht, wieder Fußball spielen ging.

Erst mit sechzehn nahm ich den nächsten Anlauf. Ich meldete mich gemeinsam mit meinem Schulfreund Thomas zu einem Austauschjahr des American Field Service, das ist so ein weltweites Jugendverbrüderungsprogramm. Meine Wunschdestination: natürlich Texas.

Zur Vorbereitung der Cowboy-Karriere kauften wir im KOVI einen teuren Reithelm mit stufenlos einstellbarem Kopfring und Dreipunkt-Kinnband. Außerdem nahmen wir eine Privatstunde im noblen Reitzentrum Forch. Dort hievte uns der Reitlehrer ohne Gebrauchsanweisung auf zwei riesige vierbeinige Sattelschlepper, und schon galoppierten wir los.

Wie immer in existenziellen Krisen half mir auch diesmal meine Erfahrung als Fußballer: Ich klammerte mich einfach am Gegenspieler fest und kam tatsächlich ohne nennenswerten Gegentreffer durch. Freund Thomas dagegen lag schon nach zwanzig Metern im Straßengraben. Trotzdem war er es, der es dann nach Texas schaffte. Mein Ausreiseantrag wurde wegen zu schwacher Leistungen in Physik, Biologie und Barrenturnen abgelehnt. Also kein Lagerfeuer am Mexico River. Keine *Stampede* im glühenden Wüstensand. Stattdessen bloß Nachprüfungen in Botanik, Ballistik und Felgenaufschwung.

Kam dazu, dass ich inzwischen der Einzige meiner Klasse war, der in der Freizeit noch zu Fuß ging. Die anderen schwärmten jeden Tag nach Schulschluss, von den Müttern in lehmverschmierten Range Rovers chauffiert, in die Landschaft aus, um auf überwachsenen Pfaden überzüchtete Gäule zu bewegen. Und um sich am nächsten Morgen in den Schulpausen wieder hufeisenförmig zu formieren und von «Rio», «Don Pablo» und «Blanco» zu schwärmen. Um Ochsersprünge, Lassoschwünge und Dressurakte nachzustellen. Um die Vor- und Nachteile der leichten Bottinen gegenüber klassischen *Windsor*-Lederstiefeln abzuwägen. Um mit ihrem rundgenähten *Stübben*-Zaumzeug zu prahlen oder mit einem taillierten *Avalon*-Sattel zu kontern. Jedes Detail, jede Finesse wurde besprochen. Während ihre Augen vor Stolz wie Hufeisen glühten.

Bald wurde ich Außenseiter. Ein Ausgestoßener, der jetzt allmählich einen richtigen Hass auf alles Hippologische entwickelte. Einen Klassenhass gegen livrierte *Davidoff*-Raucher. Einen Rassenhass gegen Hannoveraner, Irländer und Norweger. Eine genuine Abneigung gegen Aachen. Und ein tiefes Misstrauen gegen Menschen wie Hans, welche dir zuerst scheinheilig eine VIP-CSI-Einladung hinstrecken wie einem Pferd den *Hypona*-Belohnungswürfel, um dich dann einfach zu Hause hocken zu lassen. Mutterseelenallein vor einem gähnend leeren Wochenende.

Und so bin ich am Samstagnachmittag statt mit dem edlen Elfer nach Oerlikon mit dem alten Vierer ins Seefeld hinausgerattert. Dort tat ich etwas, das ich noch nie gemacht hatte. Und das ich selber nie von mir gedacht hätte. Ich ging geradewegs in ein Fachgeschäft, knallte Bargeld auf den Tresen und war Pferdebesitzer! Oder wenigstens Teilhaber. Kein ausgewachsener Hengst vielleicht, aber immerhin zarte Stute. Zweihundert Gramm. Filet. Natürlich aus Texas.

6:5 Bestien

«Langläufer leben länger», hieß in den sechziger Jahren ein oft und gern zitierter Werbespruch. Damals konnte man einfachen Weisheiten eben noch trauen. Frohgemut nahm man den kalten Krieg mit weißer Zipfelmütze, roten Socken und blauem Klister in Angriff. Nachher gab's in der Konditorei Tulipan eine warme Ovomaltine («Milch macht müde Männer munter») oder ein anderes Stärkungsgetränk («Mutter, gib deinem Kinde Honig»).

So wurde man mindestens hundert. Heute ist das Leben selbst für Langläufer schwieriger geworden, gefährlicher und dadurch meistens auch kürzer. Letzte Woche zum Beispiel wurde eine unbescholtene Langläuferin auf freier Schneebahn von einem Puma getötet. Dieser blutige Zwischenfall mag in loipenfernen Kreisen ungläubiges Kopfschütteln, ja blankes Entsetzen hervorrufen. Uns Nordische hingegen kann derlei nicht mehr erschüttern. Zu häufig sind wir bei der Ausübung unseres schönen Sportes mit mörderischen Situationen konfrontiert. Unerwartete Begegnungen mit bösartigen Fellträgern gehören zur Tagesordnung.

Ich selber geriet während der vergangenen Weihnachtsferien im Wallis gleich mehrfach in Lebensgefahr. Auf der Loipe von Crans-Montana sah ich mich der Reihe nach mit einem Luchs, zwei Füchsen, einem Leoparden, einem Braunbären, mehreren Nerzen und haufenweise Hermelinen konfrontiert. Einzig der Wolf fehlte in diesem Bestiarium, da jener, wie man weiß, das Oberwallis oder die abgelegenen Seitentäler im Grenzgebiet vorzieht.

Wie aber soll man sich in solchen Fällen nun am besten verhalten?

Ich habe es, wohlerzogen wie man ist, zunächst einmal mit Höflichkeit versucht: «Könnten Sie», sagte ich zum Luchs, «vielleicht Ihren Spaziergang außerhalb der Loipe fortsetzen?» – «Würde es euch etwas ausmachen», fragte ich die Füchse, «dieses vorab dem Wintersport gewidmete Schneefeld zu räumen?» – «Hättest du die Güte», sagte ich zu einem kleinen Nerz, «deine Silvesterraketen und Vulkane nicht direkt auf der Skatingpiste abzufeuern?»

Das Resultat fiel ernüchternd aus. Natürlich war mir bewusst, dass diese wilden Tiere jeweils von weit her, namentlich aus rauen Gegenden wie Mailand, Turin, Paris, Genf oder Zumikon, in unsere Berge einwandern, natürlich konnten sie unserer hochalpinen Landessprachen nicht mächtig sein. Aber trotzdem war es erniedrigend, wie ich in meinem redlichen Bemühen um Verständigung und Aufklärung sogar vom pitoyabelsten Pelz einfach ignoriert wurde. Einzig ein Eisbär, der seinem S-Fehler nach aus Frankreich stammte, zischte mir zwischen gefährlich blitzenden Schneidezähnen einen Rat zu: «Va skier!»

Dass diese in letzter Zeit vermehrt in Wintersportstationen auftauchenden Raubtiere ziemlich degeneriert sein müssen, zeigt sich auch daran, dass sie ihre genuine Aggressivität nicht mehr ausleben, sondern delegieren. Selbst der schlaffste Panther und noch der tattrigste Tiger schleifen Hunde hinter sich her, welche dem Skifahrer das Sporttreiben erschweren, indem sie sich auf offener Loipe erleichtern – was sie nur schon deshalb sehr häufig tun, weil sie von jedem vorbeikommenden Langläufer ein Stück abbeißen.

Sechzig sogenannte Schneekilometer habe ich während dieser Weihnachtsferien im Wallis hinter mich gebracht. In den Schultern und den Oberschenkeln habe ich an Muskulatur zugelegt. Andererseits steckt tief in meiner rechten Wade noch der Eckzahn einer Deutschen Dogge, die einem italienischen Biber gehörte. Und meine zerfetzte Thermohose erinnert daran, wie mich, als ich in der Konditorei Gerber um ein Japonais anstand, unversehens der vermutlich sodomistisch veranlagte Spaniel eines russischen Silberfuchses von hinten ansprang.

Viel fehlt jedenfalls nicht mehr, und wir Langläufer werden demnächst aus reiner Notwehr unsererseits nach Fellen und Pelzen schnappen müssen. Oder wir wechseln zum Biathlon und schießen einmal pro Runde: auf bewegliche Ziele.

0:6

MYTHEN & MÄRCHEN

1:6 Im Innennetz

Seit Sonntag sind die Felder in der Schweiz wieder von weißen Schleiern überzogen. Nein, nicht von Schnee ist hier die Rede, sondern von Nylon. Nicht von tanzenden Flocken, sondern von fliegenden Bällen: in Netzen. Noch vor dem Frühling erwacht nämlich die Fußballmeisterschaft. Und mit ihr: der Mann.

Das Tornetz ist eine gemeinhin unterschätzte Errungenschaft. Lange vor dem Internet hat das filigrane «Filet» ganze Generationen junger Männern emotional geprägt. Ja, sein Aufkommen auf Europas Feldern spiegelt in mancher Hinsicht die schwierige Adoleszenz der abendländischen Gesellschaft. – Das klingt gut und soll deshalb in der Folge historisch bewiesen werden.

In den Anfängen des Fußballs bestand das Tor bekanntlich noch aus einfachem Gestänge. Wenn da so ein junger Mann mit voller Kraft hineintraf, flog der Ball hinten einfach ungehindert wieder hinaus. Diese Durchlässigkeit führte dazu, dass die meiste Spielzeit der kollektiven Wahrheitsfindung zum Opfer fiel.

Spieler A: Dieser Ball ging eindeutig *neben* das Tor!

Spieler B: Nein, der war genau in der rechten Ecke!

Spieler C: Drüber, sage ich, drüber!

Spieler D: Und wenn ich tot umfalle: der war mittendrin!

Schiedsrichter: Darf ich auch mal was dazu sagen?

Und schon flogen statt der Bälle die Fäuste.

Dieser Beschaulichkeit setzten die Weltkriege ein Ende. Besonders während der stahlharten Aufrüstung in den dreißiger Jahren hielt auch im Ballsport der militante Maschendraht Einzug. In ganz Europa wurden die bis dahin freistehenden Tore gnadenlos eingezäunt. Leichte Lattenrechtecke, welche eben noch durch ihre klare Formgebung überzeugt hatten, sahen sich in kleinliche Gehäuse, in plötzlich unentrinnbare Käfige verwandelt. Der einzige Profiteur dieser primitiven Vorrichtung war der Goalie: Er musste die nicht gehaltenen Bälle nun nicht mehr aus irgendwelchen Dornenbüschen klauben.

In der Schweiz gelang dem Maschenzaun ein regelrechter Siegeszug. Parallel zu den neuen Nationalstraßen wurden bis in die fünfziger Jahre hinein nicht nur Fußballtore, sondern gleich ganze Spielfelder eingehagt. Ich selber schoss mein erstes Tor als GC-Junior anno 1967 auf einer sauber mit Stacheldraht eingefriedeten Wiese, und zwar im damals noch ländlichen Kanton Zug. Die Tore auf dem Heimplatz des FC Baar sahen aus wie Ossi-Fallen am Checkpoint Charlie: harsches Drahtgeflecht, das meinen kunstvoll am Baarer Goalie vorbei gezirkelten Ball brutal abtötete. Während mir meine Kameraden auf die Schulter klopften, kullerte das gefangene Leder wie ein geschlagener Hund zwischen den rostenden Torpfosten hin und her.

Eine geradezu traumatische Initiation für einen werdenden Stürmer, die auch erklären mag, weshalb ich später statt Weltstar Lokaljournalist wurde.

Dieser unhaltbare Zustand dauerte noch bis 1970, nämlich bis der Internationale Fußballverband an seinem Kongress in Mexiko die allgemeine Netzpflicht beschloss. Bald machten sich Millionen von Platzwarten murrend, aber mit Beißzangen bewaffnet an die Arbeit. Und wenige Monate später wallte, wo eben noch düsterer Drahtverhau im Wind geächzt hatte, nun blütenweißes Netzwerk. Wie eine Fahne der fußballerischen Phantasie.

Auch diesmal hatte die kleine spieltechnische Änderung direkte Auswirkungen auf den gesellschaftlichen Alltag: Landauf, landab stahlen die Kinder den Müttern die Vorhänge von den Stangen, um sie sogleich an die selbst gezimmerten Tore zu nageln. Und während die Erwachsenen in ihren betonierten Einfamilienrefugien einander nun zwangsläufig kennen lernen mussten, weil sie sich plötzlich in die Stuben und Küchen sahen, zerfetzten auf den Strassen und Plätzen hart und gezielt getretene Bälle nach Pelés Vorbild die gutbürgerlichen Gardinen.

Noch heute huscht mir ein Schauer über den Rücken, wenn ich an meine tief empfundenen Torschreie von damals denke. Während die heranwachsenden Mädchen meines Alters sich träumerisch in Pferdemähnen krallten, lebten wir Buben unsere erwachende Erotik mit Vollristschüssen ins linke Lattenkreuz aus. Längst ist der Name meiner Primarlehrerin, das Gesicht des ersten Schulschatzes vom Nebel des Vergessens umhüllt. Aber bis ins kleinste Detail sehe ich noch einen raffinierten Außenristball vor mir, mit dem ich eines Mittwochnachmittags, kurz vor dem Eindunkeln, auf der Schulwiese ein lauschiges Innennetz in helle Aufregung versetzte …

Seit vergangenem Sonntag ist die Schweizer Landschaft also wieder von diesen weißen Schleiern überzogen. Gefühlsecht fangen einige Quadratkilometer Netzwerk unsere männlichen Energieschübe ein. Wer weiß, wie viel Schlimmeres das reißfeste Nylon damit verhindern mag? Fast wie die indianischen Traumfängerchen, denen das Böse im Schlaf in die Maschen geht.

2:6 Der Teddybär

Niemand kann sagen, wann genau es passiert ist. Plötzlich war er weg, verschwunden. Leer standen die Tore auf den Feldern, und die verwaisten Torhüter mussten nun allein zurechtkommen. Ohne ihren langjährigen Weggefährten. Ohne ihren moralischen Rückhalt. Ohne ihren Teddybären.

Dabei hatte der Teddy seit je zum Fußball gehört wie die Bratwurst, das Rivella und die Cornerflagge. Stolz stand er in seinem schmucken blauweißen oder rotgrünen Strickpullover in jeder Startaufstellung. Zusammen mit seinem Torhüter betrat er jeweils den Rasen, winkte ins Publikum und nahm dann seinen Stammplatz in der linken oder rechten Torecke ein. Ob es die rechte oder die linke Ecke war, hing davon ab, wo der Torhüter am ehesten Hilfe brauchte. Links oder rechts lehnte der Teddy dann zweimal 45 Minuten im Netz, lässig, wie ein Tourist in der Hängematte, und strahlte unbeirrbar Optimismus aus. Jederzeit und bei jedem Spielstand.

Manche Historiker behaupten, es sei ein übervorsichtiger Trainer gewesen, der den Teddybären als Erster des Feldes verwies. Der Mann soll gesehen haben, wie gegnerische Stürmer das harmlos in der Torecke hockende Kuscheltier als Zielscheibe missbrauchten: als Orientierungshilfe so nach dem Motto «Triffst du den Bären, triffst du ins Eck» ... In Tat und Wahrheit aber wurde der altmodische Glücksbringer von einem modernen Zauberwort vertrieben. An die Stelle des konkreten Maskottchens ist eine abstrakte Größe getreten. Kein reißfester Stoff mehr, dafür williger Geist: die menschliche Mens, das sogenannte Mentale.

Ohne Übertreibung darf man behaupten, dass seit dem vierten Kreuzzug kein Glaubenskrieg mehr derart durchschlagend erfolgreich war wie dieser. Innert kürzester Zeit wurden nicht nur Tausende von Teddybären, sondern mit ihnen auch alle anderen heidnischen Hoffnungsträger von den Sportstätten verbannt. Als Letztes verbrannte man eine abergläubische Hochspringerin als Hexe auf ein paar alten Schaumgummimatten, weil sie Kängurublut in ihre Turnschuhe geträufelt hatte. Seither regiert in den Stadien dieser Welt nur noch eine Macht: die sogenannten Mentalisten.

Allein seit dem Jahreswechsel haben im deutschsprachigen Radio und Fernsehen genau 253 168 Athletinnen, Fußballer, Trainerinnen und Präsidenten das Wort «mental» in den Mund genommen und zwar im Durchschnitt 1,7 Mal pro Satz. Wie in Gebeten üblich, handelt es sich dabei meistens um repetitive, suggestive oder autosuggestive Phrasen, welche Bedenken vertreiben und die Moral stärken.

Ein Läufer: «Ich habe mich mental sehr genau auf diese Strecke vorbereitet.»

Eine Schwimmerin: «Ich habe mich im mentalen Bereich entscheidend verbessert, und zwar vor allem was die mentale Belastbarkeit im Schlussspurt betrifft.»

Ein Fußballer: «Der Trainer sagt, dass jedes Spiel mental im Kopf entschieden wird, und wenn du mental optimal spielst, hast du allein von der Mentalität her nämlich auch schon die nötige Aggressivität.»

Selbst linke Außenverteidiger, die bisher bestenfalls an die Macht des gestreckten Beines glaubten, hört man heute öffentlich erklären, dass sie mit Hilfe des Mentaltrainings ihr Spiel und ihr Leben viel bewusster gestalten könnten.

Und dank den Medien hat die Lehre der Mentalisten längst auch über das Stadion hinaus auf andere Gesellschaftsteile und -schichten übergegriffen. Millionen von Menschen, die wie Spitzensportler in bestimmten Momenten etwas Außerordentliches leisten müssen, haben den Rosenkranz, die Hasenpfote und das Kokainröhrchen beiseite gelegt. Sie suchen ihr Heil jetzt im eigenen Kopf. Zog sich der Baron von Münchhausen einst am eigenen Haar, so zieht man sich neuerdings am eigenen Hirn aus dem Sumpf der eigenen Mittelmäßigkeit. Wie die Triathleten, die Sumo-Ringer und die Dreispringer sagen sich auch Devisenhändler, Verwaltungsräte und Kampfflieger bei jeder Gelegenheit: «Ich bin das!», «Ich will das!», «Ich kann das!», und lesen in der Freizeit Bestseller, die entweder «Easy zum Ziel – Wie man zum mentalen Gewinner wird» oder «Unternehmensentwicklung und mentales Re-Engineering» heißen.

Die Frage, wer die Glaubensrichtung des puren «Heavy Mental» eigentlich begründet hat, ist genauso schleierhaft wie das spurlose Verschwinden der Teddybären. Es war aber mit Sicherheit kein einfacher Sportler. Denn wie bei jeder anderen Sekte ist es auch bei den Mentalisten am Ende immer das Fußvolk, das durch die Finger schaut. Ein einfacher Torhüter zum Beispiel, der jeden Sonntag jede Menge läppische Gegentore erhält, konnte früher den Fehler noch wahlweise dem Boden, dem Ball, dem Trainer oder dem Teddy zuschieben. Heutzutage dagegen bekennt sich der brave Mann vor laufender Kamera gleich selber schuldig: «Ich weiß, ich hätte mental mehr wollen müssen, um diesen Ball zu halten. Aber Sie können mir glauben: Ich arbeite daran.»

3:6 Der Programmesser

Kürzlich saßen wir in der Brasserie Lipp, am Fuße der Urania-Sternwarte, bei Bouillabaisse und Burgunder. Es ging auf Mitternacht zu und auch sonst hoch her an unserem Tisch: In der Mitte saß ein großer dänischer Dichter und Denker, und um ihn herum ihm zugewandte, ihm zugedachte Menschen. Das Gespräch dieser Runde war naturgemäß bedeutsam. Es kreiste um Philosophie und Philanthropie, um Philatelie und Philodendren und näherte sich gerade dem Topos «Das Gedächtnis als Ort des Vergessens» – da fragte mich unversehens eine Frauenstimme, was ich denn da eigentlich täte: da unten, ganz allein, unter dem Tisch und zu ihren Füssen.

Tatsächlich saß ich zu jenem Zeitpunkt gerade unter dem Tisch und telefonierte. «Telefonieren», antwortete ich deshalb höflich, wenn auch etwas von unten herauf. «Ist die Verbindung vielleicht besser, da unten?», fragte die Dame freundlich. «Nicht unbedingt», antwortete ich. «Ich sitze bloß am Boden, weil ich mit meinem Telefonat die obige Tafelrunde nicht stören wollte.» «Dann handelt es sich wohl um ein Ferngespräch, ein wichtiges?» «Nicht unbedingt. Ich versuche gerade in Erfahrung zu bringen, wie Manchester heute Abend in München gespielt hat.» «Und? Wie hat man denn gespielt, heute Abend, in München?» «2:1», antwortete ich, «leider.»

Ja, das sei vermutlich schade, sagte die Dame teilnahmsvoll, «allerdings verstehe ich rein gar nichts von Fußball, und in München war ich nie.» Immerhin sei sie aber in ihrer Jugend recht oft im Stadion gewesen. Öfter, als ihr lieb gewesen sei. «Nämlich mit meinem Onkel, einem Sportjournalisten. Das war meistens an Sonntagnachmittagen, meistens im Letzigrund.» Und meistens sei es dort schrecklich eintönig gewesen. «Rüde und doch irgendwie prüde: so waren diese Fußballer», sagte die Dame. Und auch die Zuschauer: Lauter Langweiler seien das gewesen, «alles Lahmsieder, bis auf einen», sagte die Dame. «Dieser eine allerdings hat mich tief beeindruckt.» Das sei nämlich der Mann gewesen, der immer sein Programmheft aß.

«Etwas Vergleichbares ist mir bis heute nicht vorgekommen», sagte die Dame. Weder im Theater noch in der Oper oder auf einer Vernissage oder gar einer Dichterlesung. «Vieles ist mir zwar untergekommen, später, im Lauf des Lebens, so etwas aber nie mehr: ein Programmheftesser. Ihnen vielleicht?» «Nein», sagte ich, vieles zwar: Schreihälse, Gift- und Galle-Spucker und andere Gemeingefährliche. Aber auch im Stadion sei das vermutlich recht selten, sagte ich, so ein Matchprogrammesser.

Stellen wir ihn uns also vor, jenen Fußballfreund: Wie er an den Sonntagnachmittagen die Letzigrund-Tribüne besteigt; wie er sich umständlich auf seinem Stammplatz, Sektor C, einrichtet (auf den er seit anno 1951 abonniert ist); wie er sich die Brissago anzündet und sie zwischen zwei Eckzähnen im linken Mundwinkel deponiert; wie er endlich aus der rechten Manteltasche (es ist noch Frühjahr) das Programmheft hervorzieht und es sorgfältig zu studieren beginnt.

Zuvorderst das Vorwort des Präsidenten, der zu Zuversicht mahnt: «Heute muss es besser werden, liebe Matchbesucher, weil ...» Es folgen Bilder der letzten Partien, in denen das Glück dem FC Zürich leider gar nicht ... Es folgt der Totomat: Aha, die Grasshoppers spielen heute in Basel, da werden sie aber was ... Es folgen die Mannschaftsaufstellungen: Wieso, gopfertammi, stellt der Trainer jetzt den Fischbacher wieder auf, diesen Flurschaden?! ... Und dann folgt der Sechseläutenmarsch, weil nun nämlich die beiden Mannschaften, angeführt von Schiedsrichter Bucheli, den Rasen betreten.

Schon etwas mürrisch biegt unser Fussballfreund das Matchprogramm im Mittelfalz auf und legt es sich offen auf die Knie. Damit er jederzeit die Rückennummern kontrollieren kann: «27. Minute, Corner von rechts durch den Luganeser Luttrop (10), Kopfstoß von Brenna (7), Heer (2) steht falsch, und Karli Grob (1), dieser Fliegenfänger, greift daneben = 0:1, ich habe es ja kommen sehen!»

Wie ein nasser Hund schüttelt der Fußballfreund den Kopf, finster schauen seine Augen unter der Dächlikappe hervor, grimmig rollen seine Hände das Matchprogramm zu einem Knebel, mit dem man Verteidiger und sonstige Versager erschlagen könnte. 45. Minute: Pause. Manche gehn nach Hause, nicht aber unser Mann: «49. Minute: Der Luganeser Blättler (8) umdribbelt Fischbacher (4), diese Flasche, tunnelt Köbi Kuhn (6), diesen Penner, und schlenzt das Leder ins Lattenkreuz = 0:2 für Lugano, wir sind erledigt!, am Boden!, und nein!, nein!, jetzt ist auch noch GC in Basel in Führung gegangen ...»

Feuerrot glüht das Gesicht unseres Fußballfreundes, röter noch als die Sonne, die über dem Mutschellen untergeht. Gefährlich fletscht er seine Zähne, auf seiner Stirn bilden sich Schweißtropfen, die Brissago glitscht aus dem zuckenden Mundwinkel, brennt im Fallen ein Loch in die moosgrüne Bundfaltenhose, Martinelli (5) verschießt einen Elfmeter ... – und wie ein Biber schlägt jetzt unser Mann seine Schneidezähne in das 120-grämmige Matchprogrammpapier, beißt immer und immer wieder zu, kaut, würgt, schluckt, «bis das ganze Heft, ich schwör's Ihnen, rübis und stübis verschwunden war.» Jedes Mal habe er das gemacht, wenn sie mit ihrem Onkel im Letzigrund gewesen sei, sagte die freundliche Dame, «spätestens Mitte der zweiten Halbzeit».

«Schon erstaunlich», sagte ich, «zu was der Fußball die Menschen treiben kann.» «Da haben Sie Recht, mein Herr», sagte die freundliche Dame, «aber vielleicht kommen Sie jetzt doch wieder unter dem Tisch hervor. Man serviert soeben den Kaffee.»

4:6 Der Blazer

Nach dem «Jahr des Eisvogels», dem «Jahr des Sumpfblutauges», dem «Jahr des Froschlaichs» und dem «Jahr der Retourflasche» feiern wir heuer bekanntlich das «Jahr des Freiwilligen». Das ist moralisch wichtig und ethisch wertvoll. Nur wird es natürlich auch in diesem Fall wieder rein gar nichts nützen. Der hierzulande heimische Freiwillige ist genau wie der schottische Niederlaufflügler oder die bayrische Obstratte eine Spezies, die nicht nur bedroht, sondern deren Aussterben gewiss ist. Denn längst sind ihre Lebensgrundlagen zerstört, das Futter wird immer weniger, und die natürlichen Feinde nehmen überhand.

Doch wie und warum nur konnte es so weit kommen?

Nun, wie alle wichtigen soziologisch-biologischen Prozesse hat sich auch das langsame Verschwinden des genuinen Freiwilligen am frühesten im Sport beobachten lassen. Und zwar anhand eines vermeintlich sekundären Merkmals, einer scheinbaren Äußerlichkeit. Genau wie man seinerzeit in den Bächen und Sümpfen plötzlich das Schwarzgelb des stolzen Feuersalamanders vermisste und im Geäst der Linde vergeblich nach dem Rot des Gimpels äugte, fehlt nunmehr auf den schweizerischen Sportplätzen unversehens auch die typische Erkennungsfarbe des typischen Freiwilligen. Die Rede ist von Mitternachtsblau beziehungsweise vom mitternachtsblauen, an der Brust mitunter durch eine Goldstickerei veredelten klassischen Kleidungsstück des klassischen Sportfunktionärs: dem Blazer.

Die Geschichte des Blazers ist so alt wie die moderne Schweiz. Als die Eidgenossen irgendwann im 19. Jahrhundert dann doch damit aufhörten, den Besuchern unseres

Landes zur Begrüßung immer mit dem Morgenstern auf den Kopf zu hauen, trafen schon bald einmal die ersten Engländer ein. Zur Besiedelung der brachliegenden Schlachtfelder beziehungsweise zur Besiegelung von Frieden, Freundschaft und Fairplay brachten die Insulaner den helvetischen Alporigines allerlei Geschenke mit. Neben Glasperlen und Schwarztee hatten sie zum Beispiel jede Menge Tennisschläger, Golfkeulen, Bobkufen und Lederbälle im Gepäck. Und zudem war da noch so ein monumentaler Seemannskoffer. Voller blauer Blazer.

Während die meisten Schweizer mit den importierten Sportgeräten bis zum heutigen Tag nur sehr wenig anzufangen wissen, musste man uns den Sinn und Zweck der schick geschnittenen Stoffe nicht weiter erklären. Jedenfalls rissen wir den Briten, ohne uns lange mit Danksagungen aufzuhalten, das feine blaue Tuch aus den Fingern, drapierten es uns um die stämmigen Schultern, knöpften das Ding in der Mitte zu (und dem Gast noch etwas Wust dafür ab) – und schon war aus dem alpinen Freiwilden ein smarter Freiwilliger geworden. Der originär schweizerische Sportfunktionär.

Der originär schweizerische, naturgemäß männliche Sportfunktionär war und ist (soweit noch vorhanden) in seiner Freiwilligkeit nun tatsächlich rundum exemplarisch. Kein Mensch sonst auf dieser Welt wäre je auch nur im entferntesten bereit (gewesen), so viel Freiwilliges, also Fakultatives, also meistens Überflüssiges, mit einem auch nur annähernd vergleichbaren Ernst und Eifer zu leisten. Gibt es irgendwo etwas zu regeln, zu ordnen oder einzuteilen – schon steht er da und ruft: hurra! Braucht jemand einen Präsidenten oder einen Kassier – schon schreit er: hier! Wie gern lacht doch der Schweizer über die mannigfaltigen Titel des Österreichers, aber noch ist die Funktion nicht erfunden, für die sich hierzulande nicht auch ein Funktionär fände - egal, wie unbeschreiblich das Amt, völlig wurscht, wie unerfindlich die Arbeit ist.

Hauptsache, man bekommt dafür einen dieser tollen blauen Blazer. Und wird lobend im Jahresbericht erwähnt.

So war das jedenfalls noch bis vor kurzem, jedenfalls so lange, wie das gute alte militante Milizsystem noch die Eckpfeiler, die Tragbalken und die Luftschutzräume unserer neuen helvetischen Gesellschaft bildete. Inzwischen muss nicht nur unsere Armee praktisch flächendeckend ohne freiwillig volontierende Offiziere (in ihren ausnahmsweise grünen Blazern) auskommen. Nein, auch in Gesellschaft, Politik und Wirtschaft ist der landläufige Ehrenämtler rapid im Verschwinden begriffen: Eben dieser Tage werden die allerletzten Hobby-Schulpfleger, die rührigsten Kulturkommissionspräsidenten und die umtriebigsten Freizeitverwaltungsräte restlos aus ihren Funktionen gespült. Ganz zu schweigen von den ehedem so gutmütigen alten Sportvereinen, wo längst sämtliche Ersatzrevisoren und Spiko-Chefs samt ihren speckigen blauen Kitteln in die Wüste geschickt worden sind.

Und so wird unsere Fauna also nach dem zarten Rosa des Teichrohrsängers und dem fröhlichen Braun des Distelfalters nun auch das Mitternachtsblau des Freiwilligen verlieren.

Was aber bleibt vom früher auf unseren Feldern so verbreiteten, einst so stolzen Blaublazer? Nichts als die Nester, in denen nun andere nisten.

5:6 Sisyphos

Geschätzte Hörerinnen und Hörer. Im Rahmen unserer interdisziplinären Informationssendung «Die Sportwelle» sendet Radio Styxx nun ein Gespräch mit dem bekannten Eishockeyspieler Dr. h. c. Phil MacSisyphe, das unser Reporter eben jetzt im ausverkauften Eisstadion Inorko führt. Wir schalten um ... (Es knackt in der Leitung. Dann hört man jemanden schwer atmen. Im Hintergrund das sonore Brummen einer Eisreinigungsmaschine.)

Phil MacSisyphe, wie fühlen Sie sich, wenige Sekunden nach dem Spiel?

Doktor.

Bitte?

It's Doktor MacSisyphe. Ich habe in Augsburg Ausdauersportarten studiert, und nur weil ich stark schwitze, entbindet Sie das noch nicht der elementaren Umgangsformen.

Pardon. Also: Dr. MacSisyphe, wie fühlen Sie sich nach diesem schweren Spiel?

Nach dem Spiel ist vor dem Spiel.

Sind Sie denn nicht müde?

Und wie. Ich bin immer müde. Und nie.

Wie viele Spiele haben Sie heuer schon in den Knochen?

No idea.

Man könnte jedenfalls meinen, Sie stünden die ganze Zeit auf dem Eis.

Indeed.

Wie schaffen Sie es, sich immer wieder zu motivieren, Dr. MacSisyphe?

Nennen Sie mich Phil.

Danke. Also, Phil: Wie motivieren Sie sich?

Das nächste Spiel ist immer das nächste.

Sie meinen wohl: Das nächste Spiel ist immer das wichtigste?

Nein. Es ist nur das nächste.

Aber das allein kann wohl kaum Motivation genug sein?

Why not?

Weil Sie doch wissen, dass nach diesem nächsten Spiel immer noch eins kommt, und dann noch eins und noch eins ...

How the hell soll ich das wissen?

Na, aus Erfahrung, Erinnerung.

Ich bin kein Statistiker. Ich bin Realist. Ich schaue immer nur vorwärts. Der Weg ist das Ziel, der Stein ist das Spiel, Sie verstehen, was ich meine.

Schon. Aber kommt es denn nie vor, dass Sie lieber mal zu Hause bleiben würden?

My Rink is my Castle. Auf dem Eis weiß ich wenigstens, was ich zu tun habe.

(Pause.)

Phil, Sie gelten als Einzelkämpfer. Hinter vorgehaltener Bande munkelt man, Sie seien nicht sehr mannschaftsdienlich, im Grunde sogar asozial.

I'm just doing my job.

Wie würden Sie Ihren Aufgabenbereich denn umschreiben?

Ich muss den Puck, also das Spielgerät, den Stein des Anstoßes, von A nach B bringen.

Und dann?

That's it. Ist der Puck einmal in B angelangt, wird er von der Spielleitung umgehend nach A zurückbefördert, und alles beginnt von vorn.

Klingt etwas banal, Phil.

You get used to it.

Haben Sie denn noch nie nach Höherem gestrebt, in Ihrer langen Laufbahn?

Sure. Ich möchte, dass alle Menschen zu trinken haben. Ich möchte, dass der Tod seine Gewalt verliert. Ich möchte an der Sonne sitzen, auf einem warmen Stein am Meer, und ewig am Leben bleiben.

Und?

Die Schiedsrichter sind dagegen. Sie halten sich für Götter.

Strafbank?

Im Gegenteil. Sie verurteilen mich zu ewigen Holidays on Ice …

Klingt etwas absurd, Phil.

… Akkord-Sport in verrauchten Hallen, fernab von Tageslicht und Jahreszeiten.

Klingt etwas frustriert, Phil.

Ich weiss, but was soll's? You have to think positive. Das Schwierige an meiner Arbeit ist außerdem nicht das Spiel selber, sondern es sind die Pausen, die Lücken in der Eiszeit, wenn der Puck zum Ausgangspunkt zurückgeht und ich wieder die Startaufstellung einnehmen muss.

Ich kann Ihnen da nicht ganz folgen.

Weißt du, young man, in diesen Momenten kannst du ins Nachdenken geraten.

Worüber denn?

Life.

Sie denken live?

Life. I think about life. Über das Leben eben.

Und, zu welchen Erkenntnissen sind Sie gelangt?

Life is a bitch, life is a ball, life is a bully. Oder auf gut Deutsch: Für mich ist die Erde meine Scheibe. Ich schiebe sie immerzu auf einer Ebene, die mir meistens schief vorkommt. Aber das hat auch sein Gutes: Es geht immer aufwärts, im Prinzip.

Jetzt werden Sie bloß nicht philosophisch, Phil!

It's Doktor Phil, my dear, immerhin.

Ungeachtet Ihrer Titel sehnen Sie sich aber manchmal doch nach der Schlusssirene?

Ja und Nein. Und nun muss ich zurück. Der Puck liegt schon wieder im Mittelpunkt. Und aller Anstoß ist schwer.

6:6 Hermes

Manche Leute lagern auf dem Estrich Koffer, Angelruten und Liebesbriefe. Ich hingegen horte Schreibgeräte. Nicht Bleistifte oder Füllfederhalter. Auf meinem Estrich liegt zwischen vermodernden Fußballschuhen und gewellten Vinylplatten ein halbes Dutzend Tippmaschinen. Lauter Zeugen der rasenden Entwicklung vom schreibenden zum mobilen Journalismus.

Beginnen wir zuhinterst, dort, wo die Dachschräge den Boden berührt und sich die Motten guten Appetit sagen: Das graue Köfferchen ist mir anno 1984 in die Hand gedrückt worden. «Heute ist es so weit, Bub», sagte der damalige Sportchef. Sein Tonfall erinnerte mich an Emil in der legendären Sanitär-Lehrlingsnummer. «Heute darfst du zum ersten Mal *ganz alleine* auf Reportage!» Ich wog das Ding am Henkel, klappte vorsichtig den Deckel herunter und befingerte die Tastatur. «Hermes Baby», sagte ein Schriftzug links oben, über dem Anführungszeichen. «Baden gegen FCZ, 40 Zeilen», lautete der Auftrag, «telefonisches Diktat des Berichtes spätestens fünf Minuten nach Spielschluss.»

Heute mag man sich über mechanische Reiseschreibmaschinen lustig machen. Damals war ich stolz wie ein Kleinwagenbesitzer. Schließlich wurde vor anderthalb Jahrzehnten (man glaubt es kaum) auf den Redaktionen noch hurtig mit der Hand geschrieben. Für Linkshänder wie mich mit dem lebenslangen «Schreiben ungenügend»-Syndrom war ein solches Hermes-Baby eine Erlösung. Also hackte ich mit großer Begeisterung im Fünffingersystem (Zeigfinger, Mittelfinger, ein Daumen) die Nachricht vom Auswärtssieg des Zürcher Stadtklubs in die Tasten. Und ich wäre auch sicher rechtzeitig fertig gewesen, hätte es im Stadion des FC Baden nicht bloß ein Telefon gegeben. Vor Nervosität jaulend, stand ich, das Gesicht mit Schweiß und Tipp-Ex bedeckt, vor dem Münzapparat, den der damalige GC-Fußballer Andy Egli okkupiert hielt. Er plauderte mit einem Kumpel für volle vier Frankenstücke über Autoaufhängungen. Wen wundert's, dass der gute Mann heute noch als Trainer in meinen Berichten schlecht wegkommt.

Neben der Hermes liegt in einem Epa-Sack die Olivetti. Dieses unscheinbare Vollplastikgerät ist unter Sportjournalisten legendär. Bis gegen Ende der achtziger Jahre wurden auf dem Schwarzmarkt Unsummen dafür geboten, weil die Italiener einfach nicht nachliefern konnten. Die Olivetti hat ein winziges Display, und ihre Speicherkapazität gerät schon bei einem mittleren Leitartikel ins Stottern. Trotzdem gibt es Kollegen, die noch auf das Ding schworen, als andere ihre Artikel längst auf Disketten betteten. Rolf zum Beispiel, einer der besten Fussballexperten dieses Landes, wäre aus Protest beinahe Weinbauer geworden, als ihn die Redaktion eines Tages zum Umsteigen auf Compaq zwang.

Die Olivetti hatte zwei Vorteile: erstens ihre physische Unzerstörbarkeit, zweitens konnte man sie mit Batterien füttern. Das ist zwar ökologisch zweifelhaft, aber von existenzieller Bedeutung, wenn man bei zwei Grad Celsius in einem steckdosenfreien polnischen Stadion friert. Die Olivetti hatte allerdings auch ihre Tücken. Die Übermittlung geschah pionierhaft mit Hilfe eines sogenannten Akustikkopplers, in den man den Telefonhörer versenken musste, und zwar restlos, ansonsten das grüne Übermittlungslämpchen gnadenlos erlosch. Dies führte dazu, dass sich Ende der achtziger Jahre praktisch jeden Abend folgender Dialog entspann:

Reporter: Es leuchtet nicht!

Redaktion: Du musst fester drücken.

Reporter: Ich stehe ja schon drauf!

Redaktion: Versuch's mit mehr Gefühl!

Reporter *(schluchzend)*: Ich kann nicht mehr, ich springe ...!

Auf die Olivetti folgte bei mir nicht Compaq, sondern Toshiba. Dieser klobige Kasten nannte sich bereits Personalcomputer, hatte keinen Koppler mehr, dafür ein externes Modem, das rot leuchtete oder eben nicht. Diese Gerätegeneration verwandelte die Sportjournalisten vollends in Fernmeldetechniker. Wir lernten den Unterschied zwischen Ton- und Impuls-Übermittlung, wir übten uns im Telefondemontieren, wir krochen auf Pressetribünen oder in Hotelrezeptionen herum in der Hoffnung, irgendwo auf eine kompatible Leitung zu stoßen. Solche sendetechnischen Arbeiten nahmen in der Regel so viel Aufmerksamkeit in Anspruch, dass man sich den Wettkampfverlauf später von einem zahlenden Zuschauer nacherzählen lassen musste. Eine medienhistorische Analyse jener Jahre würde vermutlich einen Aufschwung der «atmosphärischen» Berichterstattung konstatieren. Ich selber erinnere mich, quer durch die Disziplinen mindestens ein Dutzend Mal den Titel «Ein Fest des Breitensports» gesetzt zu haben.

Mein erster Toshiba fiel dem Coca-Cola eines aufbrausenden Fans auf der Hardturm-Tribüne zum Opfer. Während das Gerät verendete, musste ich den Bericht aus dem Kopf diktieren («Ein Fest des Fußballsports»). Der zweite Toshiba, ein 1200 XE, liegt noch vor mir, im Staub zwischen Skischuhen und der Kiste mit den Briefmarkenalben. Sein schwacher Akku bescherte mir an einer Eishockey-Weltmeisterschaft einen Magennervenzusammenbruch sowie die 99. Schelte des Kollegen Claudio wegen zu späten Übermittelns.

Neben dem Toshiba liegt der Compaq Contura Aero 4/33C. Wir arbeiteten erstmals im Juni 1996 zusammen, als ein paar Schweizer Fußball-Amokläufer in Basel nach einem Testspiel fast den neuen Nationaltrainer Jorge steinigten. Dank der neuen Natel-Übermittlungstechnik konnte ich diesen Skandal im von St. Jakob wegratternden Tram beschreiben und erwischte locker noch den letzten Zürcher Zug.

Toshiba Protégé 3020 CT heißt das Ding, auf dem ich nun diese Bites hier aneinander reihe. Es ist ein ultramodernes, ultraflaches, ultraleichtes Gerät, aber längst nichts Besonderes mehr. Seine sagenhaften Möglichkeiten trösten etwas über die Tatsache hinweg, dass schreibende Sportjournalisten heute an Großanlässen kaum mehr an die real existierenden Sportler herankommen. Wo sie auch hinkommen, immer ist das Fernsehen schon da und im Weg. So sitzen manche Berichterstatter an Olympischen Spielen die ganzen drei Wochen im «Hilton» und leben von TV, Internet und Minibar. Sie gehören nicht mehr zur Fernmeldetechnik, sondern zur verarbeitenden Datenindustrie.

Etwas wehmütig streichle ich über meine alte Hermes Baby. Eigentlich könnte ich ihr ein neues Farbband einspannen. Und vielleicht sollte ich Andy Egli mal eine Chance geben.

7:6 Vasa

Der Vasa-Lauf ist ein bisschen wie eine Messe. Er ist ein Weihespiel, das den Teilnehmern mitunter das Äusserste abverlangt und ihnen dafür etwas von ihrem Innersten erzählt. Der Vasa-Lauf ist auch ein bisschen wie eine Messvorrichtung, wie eine Skala, auf der die Teilnehmerinnen und Teilnehmer ablesen können, wo sie momentan gerade so stehen, sei es leistungsmäßig im Langlauf oder vielleicht auch altersmäßig in diesem Leben.

Jedes Jahr erleben 16 000 Menschen aus vielen Ländern im tiefsten Mittelschweden, genauer: auf einer 90 Kilometer langen, hügeligen, waldigen und moorigen Strecke zwischen dem Örtchen Sälen und dem Örtchen Mora, diesen ältesten, berühmtesten und berüchtigtsten Volkslanglauf. An einem einzigen Tag setzen sie sich dabei der emotionalen Kurzfassung ihres Erdendaseins aus: Erfolg, Enttäuschung, Ehrgeiz. Frustration, Fatalismus, Erschöpfung, Euphorie, Hoffnung, Angst, Entspannung. All das kommt da vor, zwischen Sälen und Mora, in geballter Ladung und beliebiger Reihenfolge.

Der Anreisetag. Heute bin ich sozusagen mit dem falschen Ellenbogen aufgestanden. Es muss gegen fünf Uhr gewesen sein, als ich mich aus einem nervösen Halbschlaf herauswand, zum WC wankte und mir in diesen eigentlich doch recht vertrauten vier Wänden eine lächerliche Verletzung zuzog. Und zwar ist mein linker Ellbogen eingangs der Toilette aus unerfindlichen Gründen mit einem Wasserrohr kollidiert und tut seither tierisch weh. Ein halbes Tausend Kilometer habe ich nun auf diese Reise hin trainiert, habe alles vorgekehrt, um heute, zu Recht bewundert von Verwandten und Bekannten, das Abenteuer meines ersten Vasa-Laufes in Angriff nehmen zu können – und dann komme ich schon an der ersten Klospülung nicht verletzungsfrei vorbei. Doch eine Art Fehlstart, muss man sagen.

Der Bus braust mit Tempo 100 durch einen schwedischen Schneesturm. Die Umgebung ist weiß, grau und kantig, ein bisschen deprimierend und doch eindrücklich: eine Landschaft, die zur Hälfte verloren ist, sich aber aufzugeben weigert – so hat es der Schriftsteller Lars Gustafsson formuliert, der aus der Gegend des Vasa-Laufes stammt. Zur Aufheiterung legt Toppe, unser Busfahrer, eine knisternde «Best of ABBA»-Kassette ein und beschleunigt auf 130. Den meisten Angehörigen unserer Schweizer Vasa-Reisegruppe steht jetzt doch eine gewisse Besorgnis ins Gesicht geschrieben. Aber Toppe ist, wie er sagt, seit 22 Jahren im Geschäft und kennt hier offenbar jeden Baum, inklusive aller Elche, die plötzlich dahinter hervorgaloppieren könnten. «Jeder von uns fährt immer dem nächsten Unfall entgegen», orakelt düster ein Reiseteilnehmer, ein Arzt, der abwechselnd einen Krimi von Agatha Christie und Sagen aus Österreich liest. «Andererseits», fährt der Mann fort, «sterben die meisten Menschen bekanntlich im Bett beziehungsweise innerhalb von 24 Stunden nach dem letzten Arztbesuch, was momentan eindeutig für unsere Überlebenschancen spricht.»

So sind Ärzte, die den Vasa-Lauf bestreiten: nüchtern und fatalistisch zugleich.

Der Vorbereitungstag. Der Vasa-Lauf heißt Vasa-Lauf nach dem guten König Gustav, der im 16. Jahrhundert die guten Schweden von den bösen Dänen befreite. Die Legende sagt, dass Gustav Vasa seinerzeit gerade am Fliehen war, und zwar von Mora aus in Richtung Norwegen, als ihn die besten zwei Langläufer unter den aufständischen Schweden in der Gegend von Sälen einholten und zur Rückkehr überredeten, worauf man sie also wieder zurückging, diese 90 Kilometer von Sälen nach Mora, und der gute Gustav die Ski abschnallte und die Stöcke gegen das Schwert tauschte und massenhaft Männer um sich versammelte und dann den Dänen eins aufs Dach gab.

«Das alles erinnert mich ein wenig an unseren Willi Tell», sagt Sepp, der Witzbold unserer Reisegruppe. Sepp ist übergewichtig und atmet schwer, weshalb er am Sonntag für die 90 Kilometer als langsamster der 102 teilnehmenden Schweizer 11 Stunden und 4 Minuten brauchen und den 11 569. Rang einnehmen wird. «Nein, nein» entgegnet ihm Bruno, «das hier mit dem Vasa stimmt wirklich, wogegen das bei uns mit dem Tell nur der Schiller geschrieben hat.» Bruno ist Maler bei den VBZ, läuft pro Winter ungefähr 20 000 Kilometer über Schnee und lässt sich so leicht nichts vormachen: «Ohne Schiller wäre das bei uns nämlich anders herausgekommen.»

So sind Handwerker, die den Vasa-Lauf bestreiten: bodenständig und freidenkend zugleich.

Der Vasa-Lauf ist manchmal wie eine Messe. Das kann schon bei den rituellen Vorbereitungen beginnen. Menschen, die den Vasa-Lauf bestreiten, führen scheinbar vernünftige Gespräche und machen Witze. Doch im Grunde sind sie in den Tagen und Stunden vor dem ersten März-Sonntag, dem Vasa-Tag, unansprechbar, geistig abwesend oder eher inwesend. Pausenlos reden sie mit sich selber, befragen sich, prüfen sich, tadeln sich: Hast du ausreichend Speis und Trank genossen? Hast du deinem Ski genügend Zuwendung geschenkt? Bist du der einzig wahren Wachs-

Botschaft teilhaftig? Bist du sicher, dass deine Gewänder der Witterung standzuhalten vermögen? Wieso kannst du jetzt wieder nicht schlafen? Und wie geht es eigentlich deinem linken Ellenbogen?

Der Vasa-Tag. Jede Sportart hat ihren Geruch. Der Langlauf riecht nach einer Mischung aus Wachs, Wärmesalben und WC. Nach WC riecht es, weil vor großen Volkslangläufen einige tausend Menschen gleichzeitig aufs WC gehen können sollen müssten, aber das meistens nicht können, weil sie entweder unter Zeitdruck nicht können oder weil das Örtchen vor großen Volkslangläufen prinzipiell weder still noch frei ist. Entsprechend riecht es auch im Bus, mit dem uns der Fahrer Toppe bereits vor fünf Uhr früh nach Sälen an den Start bringt, streng nach Langlauf. Kommt dazu, dass hinter mir Sepp der Witzbold sitzt und in einer Stunde loswerden will, was er die letzten dreißig Jahre vom Cabaret Rotstift gelernt hat. Statt Sepp zu würgen, reibe ich verbissen meinen Ellenbogen, der nach Dul-X, Perskindol, Voltaren und Angstschweiß riecht.

16 000 Menschen auf ein paar Quadratmetern. Obwohl sich die Sonne noch nicht blicken lässt, blinken die Skistöcke wie blanke Waffen, und die Läufer treten und trippeln an Ort wie Rosse vor der Schlacht. Aus den Lautsprechern spricht eine Stimme einen langen schwedischen Sermon, eindringlich, beschwörend wie eine Predigt. Dann sagt die Stimme tatsächlich «Amen», die Feldpredigt ist vorbei, eine Vorturnerin übernimmt das Mikrophon und bringt das harrende Heer zum Hüpfen. Nun donnern wir endlich los, eindrücklich wie eine Büffelherde, und zwar genau 400 Meter weit. Dann stehen wir schon wieder: vor dem berühmt berüchtigten Vasa-Lauf-Engpass – die hohle Gasse ist ein Highway dagegen. Fast eine Stunde

lang kämpft sich der kollektive Volkslanglaufkörper mit seinen kurios in sich verkeilten Gliedmaßen durch die winzige Waldschneise aufwärts. Aber schließlich haben wir, einer nach dem andern, die erste Anhöhe erklommen, die Sonne brandet gegen Tausende von High-Tech-Brillen, jetzt kann es richtig losgehen.

Wenn er einmal richtig in Gang ist, ist der Vasa-Lauf wirklich wie eine Messe. 16 000 Menschen bewegen sich durch die erhabenen Wälder und über diese lyrischen Schneefelder so lautlos und andächtig, wie wenn sie durch die Säulengänge einer Kirche gingen. Kein Wort, kein Ruf, kein Keuchen, kein Fluchen. Vasa-Läufer sind, um mit Alfred Polgar zu sprechen, Menschen, die alleine langlaufen wollen, aber dazu Gesellschaft brauchen, Menschen, die an diesem Tag zwischen vier und sechzehn Stunden lang nur mit sich selber beschäftigt sind: Hätte ich nicht doch etwas Rot nachwachsen sollen? Spüre ich da ein leichtes Hungergefühl? Soll ich jetzt die Spur wechseln und diesen Lamaschi da überholen oder Kraft sparen, damit mich dieser Lamaschi da dann nicht bei Kilometer 85 wieder einholt und stehen lässt? Soll ich mich bei jenem Verpflegungsstand für Angehörige der Firma Volvo einschleichen oder warten, bis mir wieder jemand unter diesen erschreckend freundlichen Zuschauern einen Orangenschnitz in den Mund steckt? Und wieso spüre ich momentan meinen linken Ellenbogen so überhaupt nicht mehr?

Nach 7 Stunden und 32 Minuten laufe ich in Mora als 4 756ster ein, natürlich saumäßig müde, aber nicht wirklich erschöpft. Im nahen Schulhaus bekomme ich ein Diagramm mit meinen Streckenabschnittszeiten, welche die Lieben zu Hause theoretisch schon während des Rennens auf dem Internet hätten abrufen können. Falls ich nächstes

Jahr wieder in Sälen an den Start gehe und dann jedes Jahr wieder und wieder und wieder, dann werde ich dereinst mit Hilfe aller Schlussränge und Zwischenzeiten eine Art Lebensleistungskurve zeichnen können.

Am Abend haben im Hotel hundert Schweizer ihre heutige Lebensgeschichte zu erzählen. Das Innerste muss jetzt dringend und restlos raus: all die Ängste, die falschen Hoffnungen, die berechtigten Zweifel, all die kleinen Siege und großen Gefühle. Keiner hört hin, alle reden, reden, reden nur von sich. Von mir und meinem Ellenbogen aber redet keiner. Nur ich.

8:6 Ibiza

Wenn im Januar die Mandelbäume zu blühen beginnen, ist Ines eine Woche lang glücklich. Die weiße Blust verwandelt die Tiefebene, welche sich vom Hügelfuß unterhalb ihres Hauses bis zum Horizont erstreckt, in ein schäumendes Meer der Hoffnung. Der Anblick gibt ihr das sichere Gefühl: Noch ist das Leben nicht vorbei, meine Liebe! Veränderung, Aufbruch, ein Neuanfang: alles jederzeit möglich, *old girl*!

Ines möchte dann jauchzen vor Freude. Sie holt sich einen Drink aus der Küche und setzt sich auf die Terrasse, um in der Abendsonne Pläne zu schmieden: Ich könnte wieder einmal ins *Amnesia* gehen, denkt sie, wie früher die ganze Nacht durchtanzen, bis der Manager das schwitzende Publikum mit dem Schlauch aus der Disco schwemmt. Oder zwei Tage nach Barcelona fahren, ein wenig shoppen. Oder ganz einfach Gabriel anrufen …

Ist das Leben nicht wunderbar?

Ines holt sich noch einen Schlummertrunk und ihre uralte Wolljacke, die sie sich damals in San Francisco gestrickt hat. Das Ding schaut auf den ersten Blick nach Ethno-Kitsch aus. Aber für Ines verbindet sich jedes Muster, jede Figur, jedes Zeichen mit einer kleinen Begebenheit, einer flüchtigen Bekanntschaft jenes Sommers 1969, als sie während drei Monaten insgesamt höchstens dreißig Stunden geschlafen hatte … Damals, als sie auch Gabriel kennengelernt hatte, einen heißblütigen Hamburger, als sie seinetwegen ihre Haare zum erstenmal blond gefärbt hatte, als sie ihm, sowie in *Frisco* die ersten Herbststürme einfielen und die Hippies von den Straßen fegten, auf ein

Schiff folgte, das sie nach Europa zurückbringen sollte, auf jene sagenhafte Insel, wo sich offenbar gerade Tausende von Blumenkindern auf ein Leben in Urnatur und freier Liebe einrichteten …

Glücklich und ein bisschen betrunken summt Ines die Lieder von Leonard Cohen und Joan Baez in die klare Nacht hinaus. Im kalten Licht der Sterne hat sich das Mandelblütenmeer in ein Schneefeld verwandelt. Ines sieht sich als kleines Mädchen an den Hängen ob Andermatt skifahren: wie die Buben in kühner Stemmbogenhocke, die rotbraunen Zöpfe fliegen um glühende Ohren … Ines sieht sich als Lehrtochter in der Papeterie: wie sie stundenlang in *Bravo* und *Twen* blättert, sobald die Chefin den Laden verlassen hat, und sich sehnlichst wegwünscht aus diesem derben Tal mit seinen aschgrauen Kasernen und zubetonierten Militärköpfen … Ines sieht Debbie zur Ladentür hereinkommen: strohblonde Amerikanerin, riesiger Tramperrucksack, aber keinen Rappen in der Tasche, *not a cent*, weshalb sie um eine Briefmarke bettelt für die Karte nach Hause, um den Eltern in *Frisco* ihre baldige Rückkehr anzukündigen, *in a couple of weeks*, je nachdem, wie schnell man sich nach Marseille durchschlägt und wie es dort dann mit dem *Ship-Hiking* klappt. Ines hört Debbie laut lachen über die großen Augen von *little Heidi* und dann fragen: *Why don't you come with me?*

Ines sieht sich wie in Trance zur Kasse gehen: Sie nimmt das Fünfzigernötli, die vier Zwanziger, zwei Zehner, das Münz, fischt aus einer versteckten Zwischenablage einen Hunderter heraus, packt schließlich einen Bogen Pro-Patria-Briefmarken ein, schiebt Debbie zum Laden hinaus, schließt ab und lässt zehn Meter weiter den Schlüsselbund durch einen Gitterdeckel in die Kanalisation fallen.

Wenn die Mandelbäume verblüht sind, sitzt Ines immer noch auf ihrer Terrasse. Obwohl es jeden Tag ein wenig wärmer wird, hat sie sich samt ihrer alten Hippiestrickjacke in zwei Wolldecken gehüllt. Zu ihren Füßen schläft Zeus, bereits ihr dritter Hund auf der Insel, und auch er ist schon grau und tattrig. Gabriel ging 1976 nach Deutschland zurück und hat seither nie mehr von sich hören lassen. Für eine Shopping-Tour nach Barcelona hat das Geld letztmals 1988 gereicht. Die Disco Amnesia hat noch bis Ostern Winterpause.

Ines fröstelt. Ob sie sich die Haare wieder einmal nachfärben sollte? Manchmal fragt sie sich, was aus der Papeterie geworden sein mag. Eines Abends hatte sie mit ihrer Chefin bis Mitternacht gearbeitet, Inventur. Radio Beromünster brachte Swing, dann kam die Schweizer Nationalhymne, dann verlas der Sprecher Alfred Köhli die Nachrichten. Die erste Meldung handelte von der bevorstehenden Mondlandung.

0:7

WINTER & WEIHNACHT

1:7 Schnee

Manche Leute sagen, ich sei ein Ewiggestriger. Nicht politisch, sondern mehr meteorologisch. Ein Schneevongestriger, sozusagen. Und das nur, weil ich finde, dass die Winter früher winterlicher waren. Und das Skifahren schöner. Und die Ovomaltine ovomaltiniger. «Du müsstest endlich einmal dem Heute ins Auge schauen», schelten sie mich in ihren besorgten Briefen. «Du bist und bleibst ein hoffnungsloser Nostalgiker», steht auf ihren Weihnachtskarten (von denen ich vorsichtig die Pro-Juventute-Marken ablöse: die Neunziger-A-Post mit den schlittelnden Kindern oder die Siebziger mit dem Samichlaus, dem Schmutzli und einem verschneiten Bauernhaus).

Diese unterschiedliche Welt- und Wintersicht mag an den sehr verschiedenen Kindheiten liegen. Meine Freunde sind fast alle in urbanen Umgebungen aufgewachsen. In Altstetten und Adliswil, in Oberengstringen oder Niederuster. Ich hingegen verlebte meine frühen Jahre in einem natürlichen Wintersportgebiet, an den Hängen des Pfannenstiels, dessen Winterzauber schon unseren zürcherischen Dichter Zollinger zu Höchstleistungen inspirierte:

«Ein Tuch um den Hals, Apfel, Brot, und in den Schnee hinaus! Und abends der liebe Bettsack aus Kirschsteinen, duftend von der Wärme des Ofenlochs …»

Wer als junger Mensch als Erstes solche Bilder sieht, muss ja von ihnen geprägt werden, und er wird sich auch weiterhin nach ihnen richten. Wie ein frisch geschlüpftes Küken. Ein Leben lang.

Wenn es in den Sechzigerjahren nun also über dem Pfannenstiel schneite, dann tat es das noch richtig. Innert weniger Stunden versank das Land im Schnee. Ich erwachte nach solchen Nächten jeweils von einem harschen Geräusch: Sepp, der Hauswart, war vor sechs Uhr mit seiner Schneeschaufel unterwegs, um den täglich neu zuziehenden Autobesitzern einen Arbeitsweg zu bahnen. Je heftiger Sepp schaufelte und schabte, desto mehr Schnee musste logischerweise da draußen liegen.

Ein Tuch um den Hals, Apfel, Brot, Ski, Stöcke, und in den Schnee hinaus! Und abends die liebe Bettflasche auf den Kuhnagel, duftend nach leicht erhitztem Gummi …

Am Pfannenstiel wurden damals alle wichtigen Disziplinen betrieben. Slalom, Abfahrt, Skisprung. Der Slalom fand direkt hinter unserem Wohnblock, auf dem sogenannten Bundtacher statt. Dort umkurvten wir in weiten, umsichtigen Bögen knorrige Obstbäume. Parallel zu unseren skifahrerischen Qualitäten wuchsen dabei auch die Anforderungen des Parcours. Im Steilstück standen statt der Birnbäume plötzlich Baugerüste. Nur die besten Techniker fuhren jetzt noch nahe genug an diese kaum je kippenden Stangen heran. Und nur die größten Könner nahmen zwischen den neuen Villen noch genügend Schwung mit, um es im abschließenden Flachstück auch bis zum Ziel beim kommunalen Luftschutzkeller zu schaffen.

Wie oft habe ich mich damals geärgert, wenn am Radio die Rede von einem verwehten Lauberhornrennen war oder von einem abgesagten Riesen in Adelboden – während wir am schneeweißen Pfannenstiel die besten Voraussetzungen für Weltcup-Abfahrten hatten, wenn nicht gar für eine Weltmeisterschaft! Der Start war beim Wehrmänner-Denkmal, Ankunft bei der Kläranlage am Eggenberg. Als Hauptschwierigkeiten galten die stets vereiste Wassberg- und die immerzu gekieste Langacherstraße sowie ein alter Feuerwehrweiher, der mangels Wasser nicht mehr zufrieren mochte. Sieger wurden alle, welche den klebrigen Ackerschollen und den tückischen Kanalisationsschächten zum Trotz innert einer Viertelstunde ohne bleibende Schäden die Ziellinie erreichten. Damals hielten Mensch und Material halt noch einiges aus.

Sogar für die nordischen Disziplinen herrschten am Pfannenstiel paradiesische Verhältnisse. Beim Bau der Forch-Autobahn fielen jede Menge Schalbretter ab, aus denen sich stattliche Schanzentische zimmern ließen. Lustigerweise lag der kritische Punkt unserer 15-Meter-Schanze damals präzis an jener Stelle, wo inzwischen reihenweise Automobilisten über die Betonpiste hinaus schießen.

Manchmal nehme ich heute noch an einem Sonntag, wenn es möglicherweise ein paar Zentimeter geschneit hat, die Forchbahn und fahre auf den Pfannenstiel. Beim Denkmal, auf der alten Passhöhe angekommen, lasse ich dann den Blick langsam abwärts Richtung Greifensee gleiten. Konzentriert wie ein Skirennfahrer suche ich mir die vertraute Ideallinie, kreuz und quer durch die Häuserreihen, unbeirrbar im endlosen Einfamilienödland. Und noch immer finde ich, dass sich hier eigentlich ein wunderbares Abfahrtsrennen abhalten ließe.

Manche Leute sagen, ich sei ein unbelehrbarer Nostalgiker. Das kann schon sein. Aber leicht mache ich es mir dabei nicht.

2:7 Die richtige Skiwahl

Winterende ist in Zürich, wie jedes Kind weiß, wenn der Böögg explodiert. Entsprechend gilt hier als Winteranfang, wenn die Sechseläutenwiese weiß ist. Und genau darum hätte ich heuer fast die kalte Jahreszeit verpasst.

Theoretisch wäre die Sechseläutenwiese nämlich schon seit letztem Donnerstag ein wenig weiß gewesen. Praktisch aber ließ sich das unmöglich feststellen. Denn momentan grasen dort gerade die Tiger, es tummeln sich die Elefanten, es räkeln sich die Zebras. Und wenn der alte Zirkus Nock demnächst die Stadt verlässt, wird mit ihm laut Wetterbericht auch der junge Winter schon wieder das Weite suchen: Temperaturanstieg, Regen, Gärtnermeister Spross sät seinen Rasen, es blühen die Primeln, und prompt explodiert der Böögg. Ja, so schnell kann das gehen.

Bevor es aber wieder ganz soweit ist, hat gestern Werner angerufen. «He, du Saftsack», sagte er fröhlich, «hopp, raus aus der Strickjacke und ab auf die Loipe!»

Werner wäre an sich ein netter Nachbar, wenn er nur nicht immer diese anstrengenden Freizeitideen hätte, welche dann ausnahmslos an geänderten Öffnungszeiten, abgefahrenen Zügen oder platten Hinterreifen scheitern.

«Wo siehst du denn eine Loipe?» fragte ich deshalb vorsichtig zurück. «Überall!» brüllte er in die Muschel, «ich habe gerade den Tonbanddienst angerufen. Im ganzen Kanton: Pulver, Pisten gut!»

Also stiegen wir zwei zwecks Wettkampfvorbereitung in den Keller, das heißt: in meinen Keller, weil Werner weder einen begehbaren Keller noch brauchbare Langlauflatten hat. Ich hingegen nenne einen üppigen Skisack mein eigen, mit dessen Inhalt man die halbe Geschichte des nordischen Skisports rekonstruieren könnte: ein steinalter Holz-Karhu, dessen Belag noch geteert werden musste; der erste (und letzte) Fischer-Metallski; der legendäre Müller Karbon; ein früher Morotto-Gleiter; haufenweise Fiberglaskerne, Wachsersatzstreifen, Känguruh-Stöcke …

«Aber ich sehe keinen *Fischer Skate-Cut* mit doppelter Taillierung», sagte Werner vorwurfsvoll, als ich ihm gerade die Qual der Wahl überlassen wollte, «dabei habe ich mich doch so auf diese dynamisierende Kantendruckverteilung gefreut!» Vergeblich versuchte ich, ihm statt dessen ein praktisch noch ungebrauchtes Pioniermodell des *Peltonen Supra Cosmic* mit patentierter Kohlenstofffaser-Konstruktion schmackhaft zu machen. Ja, nicht einmal der *Rossignol Delta Course Racing Cobra* mit *Short Size Concept* und *Acceleration Bar* vermochte Werner zu besänftigen. Und als ich ihm schließlich aus purer Verzweiflung den *Kneissl Ergoskate 46 CAP* anpries, der dank seiner einmaligen Pentron-Schuppe unzählige Testsiege erzielt hat, fauchte er nur noch böse: «Bei diesem miesen Material bleibe ich lieber gleich zu Hause.»

Wohl oder übel machte ich mich halt allein auf den Weg. Mit bösen Vorahnungen lud ich meine vorletztjährigen, klisterverklebten *Fischer-RCS X2 Cold Fiber* in den Kofferraum eines *VW Kombi*, der zwei anderen Nachbarn gehört, die soeben samt ihren fabrikneuen *Atomic ATC* mit *Digital Flex* und *Ultra-Densolite-Kern* nach Lappland abgeflogen sind, um ihre daheimgebliebenen Langlaufkollegen schon Ende November mit vierstelligen Schneekilometer-Zahlen zu deprimieren. Und tatsächlich kam ich mir dann eine Viertelstunde später sogar auf der winzigen, wirklich provinziellen Pfannenstiel-Loipe wie ein wandelndes Museumsstück vor. So weit das Auge reichte, trug die lokale Langläuferschaft ausschließlich *Salomon Aktive 9 Skate* mit internem *Sensifit*, *Lycra-U-Schaum* und *Control link* an den Füßen, also jenen Zauberschuh, für dessen Ankauf man zwar einen Kleinkredit aufnehmen muss, der einem aber dafür beim Aufkanten die Torsionsverwindung erspart und zudem mittels Rotationsachse unter dem Vorfuß sowie Kabelkomfortschnürung am Rist extrem harmonische Bewegungsabläufe ermöglicht. Ganz im Gegensatz zu meinen vorsintflutlichen Finken, die ohne weiteres noch einer Drahtzugbindung entsprungen sein könnten.

Zerknirscht ergriff ich meine Bambusstöcke, die noch nie etwas vom *Exel Quick Lock System* oder von der *Formula-QLS-Schlaufe* gehört haben, und watschelte los. Schon in der ersten Steigung wurde ich von einem etwa vierjährigen Knirps in einem *Activent-Gore-Colibri-Anzug* überrannt, an dessen Fersen sich ein stählerner Opa geheftet hatte, der unter seinem oszillierenden Odlo-Renndress ein *Transtex-PolarX-light-Netzleibchen* tragen musste, zumal er trotz Höllentempo keinen Tropfen Schweiß absonderte.

Ich hingegen hechelte hyperventilierend der Hochwacht entgegen. Bei Kilometer 5 war ich mental derart fix und fertig, dass ich nicht einmal mehr rechtzeitig die Ski querstellen konnte, als mich die erste Frau überholte. Folgerichtig flog ich hundert Meter später beim ersten Abfährtchen kraftlos zur erstbesten Kurve hinaus und zog mir im ersten Schnee die ersten Erfrierungen ersten Grades zu, was mir wohl kaum passiert wäre, wenn ich wie alle andern hier *Yoko-Race-2-Tone-Thermo-Windstopper-Handschuhe* getragen hätte statt meiner mottenbefallenen Fäustlinge, die irgendwie an Wisel Kälin und Sapporo erinnern.

Nun, eine halbe Runde beziehungsweise Stunde später

hatte ich den Winteranfang endlich überstanden, saß wieder im Auto, trank Minzentee statt mindestens den *Migros-L-Carnitin-Sportlerdrink Exotic light* mit *Acesulfam K* sowie einer *Phenylalaninquelle* und dachte: Vielleicht sollte man wieder einmal in den Zirkus gehen.

3:7 Das richtige Spielzeug

Kürzlich hat unser Minister für Militär- und Leibesübungen den landesweiten Sportnotstand ausgerufen. Es gehe nicht an, sagte unser Minister, dass die Schweiz fortlaufend verliere, und zwar nicht nur im Fußball oder Skifahren, sondern neuerdings sogar beim (olympischen) Abstimmen, was doch eigentlich unsere ureigenste Spezialität sei. Wenn wir so weitermachten, sagte unser Minister, würden wir zum Gespött der ganzen Welt. Wenn wir jetzt nicht zügig den Nachwuchs förderten, hätte die Schweizer Nationalhymne an internationalen Titelkämpfen bald ausgespielt, sagte unser Minister, wenn nicht wörtlich, so doch sinngemäß.

Als verantwortungsbewusster Staatsbürger und Sportjournalist habe ich mir die Mahnungen meines Ministers natürlich sehr zu Herzen genommen, habe seit seiner eindringlichen Rede Tag und Nacht nach der Wurzel des Übels gefahndet und bin gestern vormittag fündig geworden: Schuld am schweizerischen Sportmalaise ist eindeutig *Franz Carl Weber*.

Franz Carl Weber ist in diesem Land für die Früherziehung zuständig. Weil in der Schweiz die totalitäre Talenterfassung, wie sie etwa in der Sowjetunion oder der DDR mit so schönem Erfolg gepflegt wurde, leider immer noch verpönt ist und weil es bei uns gleichzeitig auch viel zuwenig ehrgeizige Mütter gibt, die ihre Töchter von Kindesbeinen an in Schlittschuhe schnüren, oder nicht ausreichend vaterländisch gesinnte Väter, die ihre Stammhalter zum Kugelstossen zwingen, müssen unsere Neugeborenen und Halbwüchsigen halt mit anderen Mitteln an den Spitzensport herangeführt werden. In allenfalls antiautoritärer, jedenfalls subtil spielerischer Manier, mit Spielzeug eben, von Franz Carl Weber natürlich.

Genau aus diesem Grund bin ich gestern vormittag also wieder einmal zu Franz Carl Weber gegangen. Seit längerem macht mir, müssen Sie wissen, mein Göttibub etwas Sorgen. Mit acht Jahren ist er in einem Alter, in dem seinesgleichen in Kuba längst 1 Meter 60 hochspringt oder in Bulgarien über 80 Kilo stemmt oder in Tirol den Vorkurs eines Skigymnasiums besucht. Und er, mein Göttibub, was macht er? Stundenlang skateboarden oder in-linen, bis die Kugellager glühen. Lauter vielleicht *total krasse*, aber absolut unolympische Disziplinen, in denen er dem Vaterland nie und nimmer eine Goldmedaille gewinnen wird, weshalb ich ihn nun mit einem erzieherisch wertvollen Weihnachtsgeschenk auf den Weg des ernsthaften Wettkampfsports zurückbringen will. Will sagen: wollte.

Im Hauptquartier von Franz Carl Weber an der Zürcher Bahnhofstrasse dürfte es gegen 100 000 Spielgeräte geben. Doch selbst bei großzügiger Betrachtungsweise könnte höchstens eine Handvoll davon unsere Jungmannschaft zu einer künftigen Sportlerkarriere animieren. Denn wie soll aus meinem Göttibub zum Beispiel dereinst ein olympischer Fechtmeister werden, wenn ich ihm heute als Starthilfe ein schlappes Gummischwert aus einem «Medieval Knight Weapon Set» (Made in China) in die Hand drücken muss? Wie soll er ein rasender Rennrodler werden, wenn der einzige verfügbare Spielzeugschlitten «Petra und ihr Husky» heisst? Wie soll er Zülles Nachfolge an der Tour de France antreten, wenn sich der Velorennsport bei Franz Carl Weber im Dreirad «Pucky» (mit Leerlauf und Kippmulde) sowie in einem Velo-Hometrainer «Fitness Girl» erschöpft (auf dem eine offensichtlich magersüchtige «Fashion-Puppe» namens «Steffi» strampelt)?

Es mag zwar irgendwie phantasieanregend sein, wenn die lieben Kleinen mit dem sauteuren «Playmobil»-Zeug tagein, tagaus so stimmungsvolle Stilleben wie «Dinoskelett mit Eingeborenen», «Banditen-Überfall», «Dschungelruine» oder «Fort Eagle» basteln. Doch könnte man, frage ich Sie, unseren allerjüngsten Athleten zur Abwechslung nicht genauso gut auch einmal etwas sportfreundlichere Bausätze wie «Die Schlacht von San Siro», «Wankdorfruine», «In der Abseitsfalle» oder «Schiedsrichterskelett mit Hooligans» schenken? Wieso langweilen wir die Kinderchen mit der flügelschlagenden Nachzieh-Ente «Schnatter», wo man sich doch auch einen ellbögelnden Nachzieh-Hürdenläufer «Schelbert» vorstellen könnte? Wieso ein batteriebetriebener Heuwagen-Anhänger «Ramseier», aber kein batteriebetriebener Pferdsprung-Turner «Rehm»?

Leider ist man als gewöhnlicher Patriot mit solchen Ansprüchen auf völlig verlorenem Posten. Und deshalb nun der dringende Aufruf an Sie, Herr Sportminister: Greifen Sie ein! Retten Sie, was noch zu retten ist! Rotten Sie diese sportfeindliche Gesinnung aus! Beenden Sie die Spielzeugfreiheit, Sire! Verstaatlichen Sie den Franz Carl Weber!

4:7 Advent

Genauso stur, wie die Natur ihren Jahreszeiten folgt, hält sich der Radsportfreund an seine speichenspezifischen Saisons. So beginnt für ihn der Frühling nicht am 21. März, sondern präzis mit dem Startschuss zum Rennen Mailand-Sanremo. Zieht dann die Tour de Suisse ins Land, weiß er: höchste Zeit fürs erste Heuet! Und nie ginge ein Gümmeler in die Badeferien, bevor Zülle in den Pyrenäen aufgegeben hat. Und nie dächte ein Velöler an die Weinernte, bevor die Lombardei-Rundfahrt im Trockenen ist. Und so lautet halt auch das inbrünstige Verslein, das dem Radsportfreund zum Winteranfang einfällt, nicht «Weihnachtszeit, tief verschneit», sondern:

Advent, Advent,
Ein Velo rennt
Dann fahren zwei,
Dann drei,
Dann vier,
Dann stehn die Six Days
vor der Tür!

Überdachte Velorennen, wochenlange Wintervelowettbewerbe gibt es seit über hundert Jahren. Im ersten eigentlichen Sechstagerennen siegte 1887 in Minneapolis noch ein dubioser Deutschamerikaner namens Schock. Danach aber gewann fast immer Koblet, es siegte serienweise Pfenninger, es triumphierte jahrzehntelang Freuler, und zwar bis zu seiner Pensionierung anno 1994, worauf sich nahtlos die beiden tapferen Innerschweizer Risi und Betschart in die Bresche warfen, um seither besonders im Zürcher Hallenstadion, wo man schon seit dem Jahr 1954 sechstagerennt, die Konkurrenz nach Strich und Waden zu dominieren.

Schweizer Siege gehören also zum Konzept dieser Sportart, ja unsere Überlegenheit in dieser Disziplin ist angeboren, und es ist nur zu offensichtlich, dass die Holzbahn und die Schweizer Mentalität aufeinander zugeschnitten sind. So steht dem grundsoliden Schweizer, ob Sportler oder nicht, der Sinn doch eigentlich immer nur nach einem: dem möglichst sicheren Arbeitsplatz, und zwar in einem möglichst schlichten, veränderungsfeindlichen Umfeld. Entsprechend sucht er sich sein Plätzchen halt gern auf einem tannigen Parkett in einer heimeligen, geschlossenen Hallenanstalt, wo er nichts zu tun hat als einfach stunden-, tage-, nächtelang stur vor sich hin zu radeln – Hunderte von Kilometern weit, aber ohne Gefahr zu laufen, plötzlich ins Ausland zu geraten. Statt dessen kommt er alle zwanzig Sekunden an den gleichen vertrauten Gesichtern vorbei, die ihm Runde für Runde zuprosten und ihm mitunter sogar spontan eine Sympathieprämie aussetzen, falls er sich aus Dankbarkeit gegenüber Schöpfer und Geschick hin und wieder zu einem satten Zwischenspurt hinreißen lässt.

Vor diesem Hintergrund betrachtet der Schweizer Berufsvelofahrer seine Sechstagewoche im Dezember noch immer als Privileg, während die Branchenkollegen in Europa längst nach der Dreißigstundenwoche schreien. Und auch wir, das schweizerische Publikum, solidarisieren uns seit je freudvoll und vorbehaltlos mit unseren Radarbeitern, indem wir Jahr für Jahr eine Woche lang nach Oerlikon pilgern, als ob das Hallenstadion am Broadway und nicht an der Überlandstraße läge. Nacht für Nacht schauen wir dann diesen, seien wir ehrlich, doch ein wenig eintönigen Wettkämpfen zu, die zum Verwechseln jenen vom Vorjahr ähneln und gleichzeitig irgendwie schon an die vom nächsten Winter erinnern.

Aber nur um so eiserner lauschen wir während der von Möbel Märki gesponserten 100-Kilometer-Américaine, was uns die *Original Rüebliländer* oder die *Blaumeisen & Friends* parallel zum Rennverlauf vorzusingen haben. Wir klatschen und stampfen im Einklang mit zigtausend anderen Winterschuhen exakt den Takt zum *Sepp-Voegeli-Marsch*, obwohl es uns in der überfüllten Arena vielleicht allmählich eher nach Verdis Gefangenenchor zumute wäre. Und selbst in den frühen Morgenstunden springen wir, obwohl inzwischen allenfalls ansatzweise alkoholisiert, auch noch beim allerletzten Schlussspurt in brav antrainierter Aufregung von der Holzbank auf und beglückwünschen Risi/Betschart vehement zum wohlverdienten Tagessieg, worauf wir endlich zufrieden heimwärts ziehen, immerzu umweht von der unverwechselbaren Six-Days-Duftmischung aus verglühten Zigarren, verkohlten Würsten, verdunsteten Cüpli und viel, viel erchrampftem, verdampftem Schweiß.

Heute abend beginnt also im Hallenstadion das 47. Zürcher Sechstagerennen. Die Favoriten auf den Gesamtsieg sind wie immer die Schweizer Titelhalter Bruno Risi und Kurt Betschart. Mit besonders großer Spannung erwartet die radsportinteressierte Öffentlichkeit den Autosprint, an dem es am Donnerstag, Schlag Mitternacht, um einen fabrikneuen *Fiat Punto* gehen wird. Der erste Höhepunkt steht allerdings bereits am Dienstag abend auf dem Programm. Punkt 22 Uhr 35 wird Ferdy *National* Kübler mit der «Goldenen Lenkstange» für sein Lebenswerk geehrt. Es sind noch Plätze frei.

5:7 Dezember

Auch der Advent ist immer besser organisiert. Es ist schon eindrücklich, was in so einem Dezembersonntag alles Platz hat, was da so alles aneinander vorbeigeht. Letzten Sonntag fanden in Zürich nach Angaben der Polizei über hundert besinnliche Weihnachtskonzerte statt. Trotzdem musste man Leute abweisen; mehrere Besucher von Mozart-Messen wurden mit gefälschten Tickets verhaftet. Man wird nicht umhinkönnen, neue Gotteshäuser zu bauen, um die Heere der Gospel-Chöre unterzubringen.

Immerhin kann, wer die Kirchbank drückt, nicht draußen im Weg stehen. Das ist gut so, denn dort ist im Dezember Silvesterlauf. Auf der Bahnhofstraße etwa rennen die Menschen aus Sicherheitsgründen in einem Käfig. Es wäre der Vorweihnachtsstimmung abträglich, wenn das Märlitram fortlaufend Muskeln zermalmen würde. Die Wege der Athletinnen und Athleten müssen außerdem mit Stacheldraht vom Weihnachtsmarkt abgegrenzt werden. Auch Lebkuchengeschosse können Schaden anrichten.

Weiter im Westen träumt die Stadt von ihrer bedeutenden Gegenwart. Die Architektur ist richtungsweisend; nur das Vierertram rattert immer noch wie eine Postkutsche dem Abendrot entgegen. Ich steige mit meinem Göttibub bei den Bernoulli-Häusern aus. Links und rechts schimmert der Stahl der verwaisten Tankstellen wie auf einem Bild von (Grass-)Hopper. Im Hardturmstadion hat man zur Feier des zweiten Adventssonntags zwei Flutlichtmasten angezündet. Die Mannschaften stehen seit längerem auf dem Platz und warten auf Publikum. Ein Linienrichter schaut sich am Feldrand auf einem Monitor die Sat-1-

Werbung an. Ein Securitas-Wächter füllt Volkszählungsfragebögen aus. Früher hätten die Spieler an so einem Abend gefroren. Heutzutage rieselt der Schnee schon als Schmelzwasser vom Himmel.

Die Begegnung beginnt mit einem Zwischenfall. Ein Betriebsangehöriger des Fußballklubs Zürich wird straffällig, und der Schiedsrichter liest ihm seine Rechte vor. In der Folge argumentieren beide Parteien stichhaltig, aber auch die Verteidigungen halten an ihren Standpunkten fest. Immerhin gelingen einem Georgier noch vor der Pause zwei Kunstschüsse zum 0:2; er erhält dafür vom Stadtpräsidenten ein halbes Werkjahr zugesprochen. Mein Göttibub möchte eine Bratwurst, weiß aber noch nicht, was er sich vom Christkind wünscht. Ich nehme einen Cervelat, werde ihn aber erst an Weihnachten auspacken. In der 74. Minute ereignet sich vor dem GC-Gehäuse eine Schießerei unter Ausländern, welche zum 1:3 und somit zur Vorentscheidung führt. Er habe, sagt der erfolgreiche Torschütze später, mit seinem Treffer auf die Diskriminierung der Tibeter hinweisen wollen.

Als wir zurück in der Innenstadt sind, fragt uns eine Passantin, ob, und wenn ja, wie lange der Coop am Stadelhofen an Adventssonntagen offen halte. Ich würde sagen, am besten bis sieben. Über dem Opernhaus steht der volle Mond. Auch die Seefeldstraße hat ihre eigene Weihnachtsbeleuchtung (außer bei einer aufgehobenen Filiale der SBG, welche die Teilnahmegebühr für die Lichterkette dieses Jahr einsparen konnte).

Jetzt aber hurtig! Wenn wir pressieren, sehen wir noch etwas vom Skirennen in Val d'Isère. Der «Tatort» kommt heute aus Stuttgart. Und vor dem Zubettgehen lesen wir uns dann ein Wintermärchen vor.

6:7 In einer Winternacht

In einer sternenklaren Winternacht, an einem Spiel der 254. Runde der Schweizer Eishockeymeisterschaft, in dem es wie immer um rein gar nichts geht, stirbt ein Sportjournalist vor Langeweile. Erleichtert entschwebt er dem Stadion, wo die beiden Mannschaften gerade ebenso verbissen wie vergeblich versuchen, einander in der Verlängerung den sogenannten *Sudden death* zuzufügen. «So knebelt halt alleine weiter, ihr Krücken!» lästert der Dahingehende noch, bevor er den Luftraum über den Alpen verlässt und in höhere Sphären vorstößt.

Als der Trainer des Gastklubs acht Sekunden vor der Schlusssirene ein Time-out nimmt, um sich vor den laufenden Kameras noch ein wenig wichtig zu machen, klopft der Sportjournalist bereits an die Himmelspforte.

«Wer da?» fragt der ätherische Torhüter unwirsch, zumal er sich – als bekennender Ambri-Fan – natürlich auf Sky TV gerade die Endphase des bewussten Eishockeyspiels anschaut. «Ein braver Sportreportersmann», antwortet der Ankömmling artig, «welcher gern in Eure gute Stube möchte. Übrigens könnt Ihr den Fernseher abschalten. Diese Witzfiguren dort unten treffen in diesem Leben sowieso nicht mehr.»

Unergründliche Stille im Himmel drinnen.

Endlich ertönt irgendwo eine Schlusssirene, und alsbald fragt die strenge Stimme: «Und was hast du geleistet, dass du hier vorzusprechen wagst, um diese Zeit?» Der Journalist rechnet einen Moment nach und rapportiert dann stolz: «Habe acht Verbandspräsidenten wegen erwiesener Korruption oder gemeingefährlicher Dummheit zum

Rücktritt gezwungen; habe vierzehn Trainerwechsel herbeigeschrieben, darunter zwei mit suizidalem Ausgang; außerdem habe ich in über zwanzig Berufsjahren so ziemlich jeden Schweizer Möchtegern-Weltstar in den Senkel gestellt, der mir vor die Schreibmaschine gekommen ist.»

Entrüstetes Schnauben hinter der schweren Eichentür. «Da bist du aber an der falschen Adresse, mein Junge. Hier kommen, falls es so was denn gibt, ausschließlich menschenfreundliche Sportjournalisten rein. Lupenrein positive Typen, die keinen verachten, bloß weil er todsichere Torchancen vergibt, sondern vielmehr immer das Gute im Schiedsrichter suchen und auch jedem armen Dopingsünder die Geschichte mit der verseuchten Elmex glauben. Du aber, mein Sohn, scheinst mir eindeutig auf die Strafbank zu gehören.»

Zuerst Sprachlosigkeit, dann Zetern und Zähneknirschen vor der Himmelstür. Herzerweichend fleht der Abgewiesene um die Gnade einer zweiten Chance. Und siehe da: Plötzlich quietschen die Scharniere, und eine Hand streckt einen Bogen Papier heraus. «Hier sind deine Anweisungen. Es sind zur Abwechslung nicht zehn Gebote, sondern fünfzig fachspezifische Befehle. Wenn du das alles ein Jahr lang klaglos einhältst, kriegst du eventuell einen Stehplatz auf Wolke sieben.»

Und so schaukelt unser Sportreporter glücklich wieder erdwärts, geradewegs dem vor kurzem verlassenen Stadion zu. Mit großen Augen überfliegt er während des Sinkflugs sein neues berufliches Anforderungsprofil:

1. Du sollst alle Sportler loben.
2. Du sollst alle Funktionäre in Ehren halten.
3. Liebe deinen Nationaltrainer wie dich selber.

4. Du sollst keine Glossen über Schwing- und Älplerfeste verfassen.

5. Du sollst den Waffenlauf nicht als Turnschuh-Mobilmachung bezeichnen.

6. Du sollst den Dressur-Reitsport nicht den Tierversuchen zuordnen.

7. Du sollst den Engadiner nicht als Ski-Gemetzel unter Bürogummis verhöhnen.

8. Du sollst die Schweizer Spitzenfußballer nicht ob ihres regen Handy-Gebrauchs tadeln. (Es kann halt nicht jeder mit einer Wählscheibe umgehen.)

9. Du sollst dem FCZ-Trainer nicht sein viel zu großes Kader vorhalten. (Er musste als Kind immer alleine spielen.)

10. Du sollst nicht nach jedem Winterwochenende behaupten, dass die Schweiz seit Heini Hemmi keinen wirklich großen Skisportler mehr hervorgebracht habe.

11. Auch sollst du Ex-Bundesrat Ogi nicht bei jeder Gelegenheit als neuen Abfahrtstrainer vorschlagen.

12. Jammere nicht nach jedem GP, dass Peter Saubers Eltern ihrem Söhnchen besser Märklin statt Carrera hätten schenken sollen.

...

Exakt an dieser Stelle wird unser Auferstandener vom Stadionabwart wachgerüttelt. Die Eisfläche ist leer, das Flutlicht am Erlöschen. Der Sportreporter packt seine Sachen zusammen. Dann macht er sich nachdenklich auf den Heimweg. Anderntags findet sich in der Zeitung ein langer Artikel mit dem Titel: «Das Schweizer Eishockey ist besser als sein Ruf».

7:7 Schulsilvester

Der Winter war dieses Jahr spät dran. Dafür kam er heftig. «Ausgerechnet jetzt», dachte Pauli. Der plötzliche Schneesturm hatte ihn nervös gemacht. Als der Wecker um drei Uhr läutete, lag er längst wach. Mürrisch warf er die Decke von sich und kroch auf.

Neben dem Bett lag schon alles bereit. Lange Unterhosen, Jeans, Wollpullover. Bei der Wohnungstür schnappte er sich noch die Windjacke, eine Mütze, den Rucksack. Es konnte losgehen.

Trotz des Schneetreibens sah Pauli die Umrisse von Urs schon von weitem. «Scheißwetter, was?» knurrte er, als er seinen Schulfreund beim alten Dorfbrunnen erreichte. «Schulsilvester ist Schulsilvester», lachte Urs. «Außerdem werden wir uns doch zu wärmen wissen, oder!?» Er zog Zigaretten aus der Jackentasche. «Willst du eine Mary Long?» Wortlos griff Pauli in die Packung. Ein Zündholz flammte auf. Beide nahmen einen Zug und begannen sofort zu husten.

«Ihr lernt es wohl nie?» Die höhnische Stimme gehörte natürlich Kathrin. Mit einem Stock in der Hand kam sie querfeldein durch den Schnee gestampft. «Hoi», murmelte Pauli und schaute dabei weg. Seit dem ersten Tag und bis heute wurde er jedesmal rot, wenn er Kathrin sah. «Ja, wie geht es denn unserem Pauli, hm? Immer noch schüchtern wie ein Erstklässler?» Natürlich hatte sie seine Verlegenheit bemerkt. Pauli spürte einen Anflug von Übelkeit. Er fragte sich, ob das an seiner Verkrampftheit oder an den Zigaretten lag. «Jetzt fehlt nur noch eine», sagte Urs. Wie aufs Stichwort kam Monika hinter der nächsten Hausecke hervor. «Na, ihr Süßen», trompetete sie, «Schluss mit der Plauderstunde und ran an den Feind!» Alles war wie immer, die Clique wieder vereint. Und jetzt Gnade allen, die sich ihnen in den Weg stellen wollten!

Tapfer kämpften sie sich vorwärts. Man sah und hörte nichts als fallende Flocken. Sogar die alte Schule war bloß ein großer schwarzer Fleck auf dem Weiß der Schneemassen. Pauli hatte Mühe, das Tempo der anderen mitzuhalten. Sein rechtes Bein tat weh, und im Kreuz spürte er bei jedem Schritt einen Stich. Doch um keinen Preis hätte er sich etwas anmerken lassen. Ein Ächzer, und Kathrins ätzender Spott würde sich über ihn ergießen: «Du bist ja reif fürs Altersheim» oder so ähnlich.

Von der Kirche her schlug es halb vier, als sie die vornehmeren Wohnquartiere des Dorfes erreichten. «A l'attaque!» kommandierte Kathrin, die schon immer gut in Fremdsprachen gewesen war.

Schnurstracks ging das Grüppchen auf die erstbeste Bünzli-Villa zu. Pauli und Urs machten sich mit großen Schraubenziehern am Gartentörchen zu schaffen. Monika goss aus einem kleinen Kanister etwas Benzin in den Ochsner-Kübel, der vor der Haustüre stand. Dann machte sie ihn mit einer kunstvoll gewickelten Zündschnur zur Blechbombe. Kathrin leimte mit Hilfe einer Araldit-Tube alle greifbaren Türen, Fenster und Briefkästen zu. An ihrer ausgefeilten Technik sah man, dass sie das nicht zum ersten Mal tat.

Das Ganze dauerte keine fünf Minuten. «Alles ready?» fragte Kathrin. «Jawohl», antworteten die andern.

«Also dann: Achtung!»

Kathrin drückte die Klingel und fixierte sie mit einem Klebstreifen auf Dauerbetrieb.

«Fertig!»

Monika setzte die Zündschnur in Brand.

«Los!»

Die vier liefen, so schnell sie konnten, davon. Verbissen schleppten Urs und Pauli das eroberte Gartentörchen mit.

Rums!

In ihrem Rücken explodierte der Ochsner-Kübel. Ein gelber Feuerschein mischte sich ins nächtliche Schneetreiben, und dann hörte man auch schon aufgeregte Stimmen.

Jetzt hatten die vier den Dorfbach erreicht. Unter Johlen und Jauchzen warfen sie das grüne Gartentörchen ins schwarze, vereiste Wasser. «Ach, es ist jedesmal wieder schön, dieser Schulsilvester!» seufzte Pauli. «Nur nicht gleich romantisch werden, mein Kleiner», knurrte Kathrin, «wir sind noch lange nicht fertig».

Im Lauf der folgenden Stunde detonierten im Dorf noch fünf Abfalleimer sowie zwei Container. Im Bachtobel häuften sich die Gartentörchen.

Als um Punkt fünf Uhr die ersten Kinder mit Pfannen und Knallkörpern auf der Straße erschienen, trauten sie ihren verschlafenen Augen nicht. Es war zwar immer noch dunkel, aber das Dorf war bereits in heller Aufregung. Feuerwehrautos schlitterten durch den Neuschnee, Polizeisirenen heulten, Männer und Frauen schrieen und schimpften, dass den Kindern das Lärmen verging.

Kathrin, Monika, Urs und Pauli aber saßen zufrieden in ihrem angestammten Versteck, auf dem Heuboden einer alten Scheune.

«Ein voller Erfolg, würde ich sagen.» Zufrieden massierte Kathrin ihre Krampfadern.

«Gelernt ist eben gelernt.» Monika lehnte erschöpft gegen einen modrigen Strohballen. Ihre grauen Haare hingen in nassen Strähnen unter der Roger-Staub-Mütze hervor.

«Das letzte Mal haben wir aber noch drei Törchen mehr geschafft», wandte Urs müde ein.

«Da waren wir auch erst siebzig», ächzte Pauli.

«Faulheit ist der erste Schritt ins Altersheim», fauchte Kathrin. «Aber bei uns wird durchgehalten. Das nächste Mal fangen wir eine halbe Stunde früher an.»

0:8

TOD & TRAUMA

1:8 Der Bremser

- Du, Gusti!

- Ja?

- Ich habe ein Motivationsproblem.

- Ein was?

- Ein Motivationsproblem.

- Ich versteh dich nicht. Du musst lauter schreien!

- Eine Sinnkrise!

- Kann das nicht warten, bis wir unten sind?

- Nein. Weißt du, ich hab wirklich genug, Gusti. Ich möchte aussteigen.

- Hier?

- Nein. Grundsätzlich. Ich höre auf.

- Ich glaube nicht, dass das der Moment …

- Das sagst du immer.

- Ich muss jetzt lenken.

- Das sagst du immer.

- Wir fahren hundertzwanzig, und dort kommt eine Steilwandkurve.

- Das sagst du immer.

- Heute abend, im Hotel …

- Das sagst du immer.

- Verdammt, jetzt haben wir rechts touchiert. Das hast du nun davon!

- Was habe ich wovon?

- Von deinem Gejammer. Noch so ein Fehler, und die Bestzeit ist futsch.

- Jetzt bin ich also wieder schuld an allem?!

- Kopf runter und Klappe halten, Mann!

- Du wirst mir jetzt zuhören! Sonst tu ich's!

- Sonst tust du was?

- Bremsen.

- Hier?

- Genau. Auf der Stelle.

- Sei nicht kindisch, Ferdi. In vierzig Sekunden sind wir im Ziel. Dann kannst du machen, was du …

Man hört metallisches Jaulen. Eissplitter fliegen durch die Luft. Dann ist es still.

- Weißt du, Gusti, im Grunde ist man als Bremser einfach der letzte Depp, sag ich dir. Schon diese Berufsbezeichnung, ich meine, so was durch und durch Lächerliches, so was absolut Negatives, das gibt's in keiner anderen Sportart. Bremser, das ist, wie wenn man im Fußball den rechten Außenverteidiger plötzlich offiziell Befreiungsschläger nennen würde oder den Passeur im Volleyball Zubringerdienst. Ich meine, man hätte schließlich diese komischen Curling-Typen mit ihren Besen ja auch Eisraumpfleger taufen können, aber nein, die lassen sich Lead, Second, Third und Skip rufen, ganz schön vornehm, die Messieurs. Wie wenn der Bobsport nicht auch Tradition hätte! Wie wenn unsere Vorfahrer nicht auch schon anno 1889 unterwegs gewesen wären! Wie wenn der Ahnherr der Bremser-Zunft nicht ebenfalls auf Haushaltsgeräte zurückgegriffen hätte, damals, als er in St. Moritz die erste Bobfahrt der Menschheitsgeschichte kunstvoll mit einem Gartenrechen beendete! Ich meine, das war noch Einsatz, gell, und gar nicht ungefährlich, ich meine, was glaubst du, wie viele brave Bremser in den letzten 111 Jahren für ihren Sport das Leben gelassen haben, he?! Das geht in die Hunderte, sag ich dir, ich meine, wir armen Schweine sind ja total exponiert da hinten, wenn der Herr Chauffeur vorne wieder mal Mist baut im Vierer, gell?! Dann sind wir nämlich die ersten, die es aus dieser windigen Salatschleuder zentrifugal in den Wald hinaus fegt! Oder wenn du am Start zum Zweier wieder mal einfach losrennst ohne Kommando, nur weil du dich schon sooo auf die Siegerinterviews im Ziel unten freust! Dann bleibt unsereiner wieder auf der Strecke oder wird durch die Gegend geschleift, bis man den Kanal mit unseren Hautfetzen tapezieren kann, ich meine, nur schon wegen des Berufsrisikos hätte man sich etwas Besseres einfallen lassen können als dieses blödsinnige Bremser, ich meine, das klingt doch nach Blondinenwitz, wogegen zum Beispiel Speedmaster oder Finisseur ...

- Bist du jetzt fertig?

- Keineswegs, das war erst das Vorwort, und ...

- Wenn du nicht sofort deine kleinen Bremshebel aus dem Eis gräbst, steige ich aus und gehe zu Fuß. Und du kannst dich hier in spätestens zwei Minuten allein von Deutschland 4 in Streifen schneiden lassen.

- Weißt du, Gusti, irgendwie habe ich den Eindruck, dass du mich nicht ernst nimmst.

- Hebel raus, sag ich, oder ich komme nach hinten!

- Schon gut, dann fahren wir halt noch ein bisschen.

- Na, endlich. Aber eins sage ich dir: Du bist die längste Zeit mein Bremser gewesen!

- Genau das versuche ich dir doch die ganz Zeit zu erklären.

Und so gewinnt der Bob Schweiz 7 rasch an Fahrt. Schon bald erreicht er über hundert Stundenkilometer und braust unter dem Applaus von vierzehn zahlenden Zuschauern auf der Ideallinie ins Ziel. Allerdings tut Schweiz 7 das völlig ungebremst, so dass der Bob drei wartende Journalisten erschlägt, ein Festzelt umpflügt, eine «Bio Strath»-Bandenreklame durchbricht und in einen dahinterliegenden Stausee stürzt.

Zum Andenken an die beiden Athleten wird diese Szene drei Jahre später bei den Dreharbeiten zum neuen «James Bond» nachgestellt.

Bitte
frankieren

Kein & Aber AG
Vertrieb
Postfach
CH-8026 Zürich

2:8 Gott, der Meister

Kürzlich in einem Stadion im südlichen Österreich: Ein Priester weiht eine Fußballmannschaft. Der Geistliche trägt neben seinem berufsbedingt schwarzen Rock einen schwarzweißen Schal, der mit den Klubfarben der gerade gebenedeiten Spieler korrespondiert. Zwei Stunden später lässt der Pater – er heißt übrigens Herbert Prohaska, wie der berühmte Nationalspieler – all seine Kirchenglocken Sturm läuten, weil der SK Sturm – so heißt Prohaskas Lieblingsmannschaft – sein Spiel inzwischen gewonnen hat.

Gott sei Dank.

Kürzlich in einem Stadion in der östlichen Schweiz: Ein Stürmer des Platzklubs schießt dem gegnerischen Torhüter den Ball zwischen den Beinen hindurch und bekreuzigt sich. Später bedankt er sich via Radiomikrophon bei Gott, der ihm dieses Tor und seinem Verein den Sieg ermöglicht hat.

Der Herr hat's gegeben, der Herr hat's gewonnen. St. Gallen wird Schweizer Meister, und Gott spielt nächsten Herbst in der Champions League.

Noch vorher werden an den Olympischen Sommerspielen wieder Hunderte von Athletinnen und Athleten den Schöpfer dafür preisen, dass er sie und nur sie schneller laufen, höher hüpfen, weiter springen lässt als alle andern. Wie Fußballpartien sind auch Olympische Spiele im Grunde ein einziger Gottesdienst.

Amen.

Wettkampfsport im Allgemeinen und Fußball im Besonderen werden seit je als Kriegsersatz bezeichnet. Insofern ist es ja nicht unlogisch, dass Fußballer aller Farben ihre Goals genauso in Gottes Namen schießen, wie sich Fußvölker aller Erdteile in blutigen Schlachten gegenseitig gottgefällig niedermetzeln.

Auge um Auge, Tor um Tor.

Im Triumph manifestiert sich die Größe des Herrn, in der Niederlage die Tragik des Menschen. Das System ist so unfehlbar wie der Kapitän des FC Vatikan, und seine Verdikte sind so unerbittlich wie die zwinglianischen Offside-Regeln. Wer im rechten Glauben siegt, vermehrt die Ehre des Herrn. Wer aber in Gottes Namen einen Krieg beginnt und verliert, muss gesündigt haben, oder er wird in seinem Glauben geprüft. Und wer in Gottes Namen nicht ins Tor trifft, hat schlecht trainiert oder wird auch gerade in seinem Glauben geprüft. Es sei denn, jemand entlässt den Trainer, dann ist der Spieler fein raus und muss nicht in sich gehen.

Der einzige völlig unangefochtene Sieger heißt jedenfalls in jedem Fall Gott. Als Chefcoach sämtlicher Teams bleibt er bei jedem Spielausgang auf der Siegerstraße, zumal er ja zugleich auch als Schiedsrichter auftritt. Von dieser marktbeherrschenden Position könnte sich Berlusconi noch eine Scheibe abschneiden.

Gott und die Gerechtigkeit, das ist ein weites Spielfeld. Die Diskussion, ob es denn noch christlich (muslimisch, buddhistisch …) sein könne, wenn man sich für den eigenen Erfolg und ergo für die Niederlage seines Nächsten da oben bedankt, oder ob das nicht streberhaft oder gar ein wenig anmaßend sei – diese Diskussion ist ebenso steinalt wie sterbenslangweilig. Bei wem sich eine(r) wofür oder weshalb bedankt oder beschwert, ist doch reine Privatsache, in Marmor gemeißelter Teil der Glaubensfreiheit und vielleicht nicht zuletzt eine Frage der Phantasie.

Interessant an der Vorstellung eines aus welchen Gründen auch immer siegreichen und dadurch stets parteiischen Gottes ist aber die Frage, ob sich daraus nun Spielregeln für seine Spielertrainer auf Erden ableiten lassen. Müssen sich Gottes Gefolgsleute im Fußballstadion ihrem Chef zu Ehren an die Sieger halten, oder sollte ein Priester (wie der erwähnte Sturm-Fanatiker Prohaska oder sein legendärer Markenkollege Don Camillo) «seinen» Klub nicht gerade auch in der Niederlage begleiten? Darf eine Pfarrerin aus voller Kehle «Tooor!!!» schreien, und/oder soll sie dem bezwungenen Tormann bei dessen Trauerarbeit beistehen? Müsste ein wirklich guter Christenmensch die beiden aufeinander treffenden Mannschaften nicht grundsätzlich gleich lieb haben? Gott hin oder her?

3:8 Die zerträumten Schuhe

Wieder einmal ist alles schief gegangen. Ich habe nach Strich und Faden versagt. Ich habe alles, wirklich alles falsch gemacht. Ich habe keinen Ball über die Linie, keinen Ski vor den andern gebracht. Das kann so nicht weitergehen. Ich muss etwas unternehmen. – Also raffe ich mich auf, schlucke eine Johanniskrautkapsel und gehe in die Buchhandlung zum Licht. Mal sehen.

Meine sportlichen Niederlagen kündigen sich immer gleich an, und immer genau gleich nimmt das Schicksal dann seinen Gang. Zum Beispiel im Langlauf: Kürzlich bin ich mit den schönsten Hoffnungen zu einem Weltcup-Rennen angetreten. Ich war körperlich top und mental gut vorbereitet, ich war ausreichend gedopt und gehörte objektiv zu den Sieganwärtern. Aber dann merkte ich schon kurz nach dem Start, dass ich das falsche Material an den Füßen trug. Ich hatte mir statt der schnellen Skating-Ski die klebrigen Klassisch-Bretter angeschnallt. Klister Violett statt grünem Gleitwachs.

Kein Wunder, kam ich nicht vom Fleck. Kein Wunder, fielen die Zuschauer an der Loipe in den Tiefschnee vor Lachen, wenn ich als Hinterster und Letzter vorüberkroch. Und das Schlimmste daran war nicht einmal die Schande, sondern die Tatsache: Es war nicht das erste Mal!

Ich trotte ratlos den Bücherregalen entlang. Dabei stoße ich auf respektable Werke wie «Sportpsychologie heute» oder «Der Körper als Fluchtpunkt der Sinnlosigkeit». Aber das ist mir alles ein wenig zu hoch. Ich brauche jetzt etwas Handgreifliches. Keine Theorien, sondern Hilfe. Lebenshilfe. Dringend.

Auch auf dem Fußballplatz gebe ich regelmäßig ein Bild des Jammers ab. Niemand wird bestreiten, dass ich von meinem Talent her ein Weltklassestürmer wäre. Nur komme ich nie dazu, das zu beweisen. Es ist eine Woche her, da hatten wir ein vorentscheidendes Heimspiel, einen eminent wichtigen Spitzenkampf. Und was mache ich? Ich komme zu spät! Einfach so. Und nicht zu knapp.

Und wie ich dann endlich keuchend unsere Kabine betrete, sitzen die Kameraden natürlich alle schon in voller Montur da. Der Trainer würdigt mich keines Blickes und sagt: «Raus mit uns!» Hektisch reiße ich mir die Kleider vom Leib, greife splitternackt mit der einen Hand nach meinem Trikot mit der Nummer 8, wühle mit der andern wild in der Sporttasche – und halte statt der Töggeli- meine Wanderschuhe in der Hand! Ich könnte brüllen vor Lachen, wenn es nicht so tragisch wäre: Das letzte Mal waren es die Birkenstock-Sandalen.

«Der Traum und seine Deutung», ein Leitfaden von Ernst Aeppli. Hier bin ich richtig. Oder: «10 000 Träume», ein Ratgeber von Pamela Ball. Natürlich kaufe ich gleich beide Bücher, ich kann jetzt jede Unterstützung brauchen.

«Im wiederkehrenden schlimmen Traum führt die Seele dem Menschen das Bild eines unrichtigen, verzweifelten Lebens vor Augen», erklärt mir der Psychoanalytiker Aeppli zur Einstimmung. Und die Therapeutin Ball fügt tröstend hinzu: «Immer gleiche Träume stehen eventuell im Zusammenhang mit Ängsten. Oft tritt eine Änderung erst ein, wenn sich der Träumende damit befasst.»

Also jetzt bloß keine Zeit verlieren! Ich beginne sofort mit der Deutung der nächtlichen Desaster. Geduldig zerlege ich meine beiden wiederkehrenden Sport-Träume in Stichworte und schlage diese nach.

Zuerst der Kabinen-Traum. Über Fußball ist in beiden Kompendien zwar nichts zu finden, wohl aber über den *Fuß:* «Ist ein Symbol des Phallischen.» Natürlich. Da hätte ich eigentlich auch selber drauf kommen können. *Schuhe:* «Schuhträume sind sexueller Natur. Mit dem Hineinschlüpfen ist eigentlich ein anderer Akt gemeint.» Logisch: Ich kann zwar ordentliche Flanken schlagen, aber in puncto Lenden bin ich verklemmt. *Ausziehen:* «Zeigt das Bedürfnis, Fassaden fallen zu lassen und seine wahren Gefühle zu enthüllen.» Okay, das habe ich jetzt begriffen. Die *Zahl 8:* «Steht für mangelnde Vorstellungskraft, Stumpfheit, Selbstgenügsamkeit.» Beleidigen kann ich mich auch selber. *Verspätung:* «Macht den Träumenden darauf aufmerksam, dass ihm die Zeit davonläuft.»

Lassen wir den Fußball, wechseln wir lieber zum Langlauf-Traum. Vielleicht gibt es da noch Hoffnung.

Winter: «Ein Symbol für das Altern mit seinen nachlassenden Kräften.» Das fängt ja gut an. *Schnee:* «Kann ein Hinweis auf emotionale Kälte oder Frigidität sein.» Genau das hat noch gefehlt. *Skifahren:* «Bedeutet wie Schlittschuhlaufen akute Gefahr, Sturz, Niederlage, Tod.» Mit Klister und Gleitwachs können meine Traumdeuter nichts anfangen. Dafür mit *violett:* «Ist die Vereinigung von roter und blauer Seelenhaltung. Hat mit Buße und Sühne zu tun. Eine Farbe der Resignation.»

Bevor ich vollends resigniere, stehe ich wieder in der Buchhandlung zum Licht und tausche die beiden Bücher um. In ein wunderschönes Messing-Pendel. Könnte ja sein, dass ich gar nicht schlecht träume, sondern einfach nur falsch liege.

4:8 Andy Who?

Ja, ich gebe es zu: Auch aus meinen Augenwinkeln wollte spontan eine echte Träne tropfen, als ich davon hörte. Ja, es stimmt: Diese Todesnachricht machte mich eindeutig trauriger als die letzten zwei Dutzend Flugzeugabstürze. Ja, ich war irgendwie betroffen, ohne im Geringsten betroffen zu sein. Denn schließlich beschränkte sich meine Beziehung zum plötzlich verstorbenen Fuß- und Faustkämpfer Andy Hug ja darauf, dass ich einmal über einen seiner glorreichen Hallenstadion-Kämpfe berichtet hatte. Beziehungsweise ein paar blöde Sprüche darüber fallen ließ.

War ja irgendwie doch nicht so ganz ernst zu nehmen, dieser Provinzler mit seiner ganzheitlichen Multikomponenten-Prügelei, dieser Held des organisierten Box-Verbrechens, oder?

Trotzdem sitze ich nun da und wühle mich durch die zahllosen Nekrologe, höre auf allen Radiostationen geduldig Hug-Tanten und Hug-Großmütter trauern und schaue mir eisern an, wie das Schweizer Fernsehen der blonden Hug-Witwe so lange mitten ins Gesicht filmt, bis diese endlich zu heulen anfängt. Allmählich wird mir dabei richtig vaterländisch und staatstraurig zumute, und ich frage mich, ob ich nächsten Freitag nicht vielleicht doch ins Großmünster zum Andy-Hug-Gedenkgottesdienst gehen sollte.

War ja irgendwie schon eine große Nummer, dieser Hug, oder? Nicht so ein Platzpatronen-Kalaschnikow wie der steirische Schwarzenegger. Wenn unser Andy einen Gegner mit einer gezielten Geraden terminierte, folgte jedenfalls nicht einfach ein Filmschnitt, nein, da herrschte dann echte Finsternis. Und wie er sein Bein kometenhaft aufsteigen und niedersausen lassen konnte! Das war der wichtigste schweizerische Beitrag zur Sportgeschichte seit der Biellmann-Pirouette.

Irgendwo hat er uns landläufige Sportfanatiker halt einfach berührt, dieser weltmeisterliche Muskelmann, selbst wenn er noch in seiner transzendentalen Spätphase (zwar inzwischen ohne Schnauz, aber weiterhin im hautengen Tiger-Shirt) immer ein wenig an Harry Hasler erinnerte. Das war aber auch kein Wunder. Zu anrührend war die gute alte Tellerwäscher-Story, die uns sein Leben erzählte: Mausarmes Landei schwingt sich vom herumprügelnden Metzger zum heiligen Johannes der Boxringe empor. Sehr wohltuend so was, gerade in einer Zeit, wo auch der kleine Mann, statt lange Geschirr zu spülen, lieber gleich das schnelle Börsengeld wäscht.

Und dann war da vor allem auch Andys irritierend glaubwürdige Verinnerlichung einer fernöstlichen Faustkampfkultur. War zwar von Kopf bis Fuß auf Hiebe eingestellt, der Mann, hatte aber zugleich abseits des Kampfquadrats viel mehr Wärme in seinen Augen als manch ein selbsternannter Nächstenliebhaber, der ständig aller Welt ungefragt die andere Wange hinhält. Ohne jede Persönlichkeitsspaltung war Andy, je nachdem, Dr. Yogi oder Mr. Fight. Kurzum eine integre Persönlichkeit, die Menschen im fernen Osten wie im hiesigen Westen tief beeindruckte. Sogar so einen militant ciszendentalen Eurozentriker wie mich, der die Fünf Tibeter für den vierten Block der chinesischen Eishockey-Nationalmannschaft hält.

Ähnlich wie James Dean und Jim Morrison ist Andy Hug auf dem Gipfel seiner Kunst aus der Mitte des Lebens gerissen worden. Und ein bisschen wie bei Lady Diana hat sein Tod massenhaft Leute mitten im Herzen, tief in der Seele oder ein wenig in den Augenwinkeln berührt. Menschen, die im Grunde ja keine Ahnung haben, warum. Menschen, die eigentlich gar nicht wissen können, wer das wirklich war, dieser Andy Who. Und die doch wissen, dass er irgendwie einer von ihnen war. Aber eben ein ganz Besonderer.

5:8 Letzte Resultate

«Und hier noch eine Meldung vom Fußball: null zu null.» (Aus einem Kabarettprogramm)

Mein Vater war ein vielbeschäftigter Mensch. Er stand kaum nach fünf Uhr auf und ging kaum vor eins zu Bett – schlafe vier, behalte zwanzig, das war sein Lebensprinzip. In diesen zwanzig Stunden machte er, was man Karriere nennt. Karriere kommt aus dem Gallischen und bedeutet Rennbahn, Laufbahn oder Steinbruch. Karriere hat demnach mit Kraftaufwand und Durchhalten zu tun, und tatsächlich musste mein Vater einige Kraft aufwenden, um Tag für Tag für Tag an Tausenden von Sitzungen, an Hunderten von Arbeitsessen durchzuhalten. Eisern, offenbar ohne kaum je zu kneifen, folgte er dieser seiner Laufbahn, Runde um Runde, mit gleichbleibender Geschwindigkeit und praktisch pausenlos. Nur manchmal, da stand er plötzlich auf, wie von einer unhörbaren Stimme gerufen, verließ einen runden Tisch oder eine lange Tafel und verschwand wortlos.

«Er wird wohl mal kurz verschwinden müssen», werden sich seine Kollegen dann jeweils gedacht haben, falls sie sich überhaupt etwas dabei dachten. Doch es war nicht Harndrang, der meinen Vater unvermittelt in die Untergeschosse der Konferenzgebäude und Wirtshäuser trieb, sondern seine Sucht. Wie magnetisch zog es ihn besonders an Dienstag-, Mittwoch- und Samstagabenden oder auch am späteren Sonntagnachmittag in jene halbschattigen Gänge, wo neben öffentlichen Toiletten auch öffentliche Telefone installiert sind (oder es zu Natel-losen Zeiten noch waren). Dort fütterte er dann den Münzautomaten wie der Glücksspieler seinen einarmigen Banditen und wählte routiniert jene magischen drei Ziffern, welche allen sportnahen Schweizern von Kindesbeinen an genauso vertraut sind wie 117 (Polizeinotruf), 118 (Feuerwehrnotruf) oder 144 (Sanitätsnotruf): nämlich 164, den «Sportnotruf», sprich die Tonbandauskunft mit den aktuellsten Fußball-, Eishockey- sowie sonstigen Wettkampfresultaten. – Kaum eine Minute später kehrte er dann zufrieden in die offiziöse Oberwelt zurück.

Als mein Vater vor einigen Jahren plötzlich starb, schoss mir inmitten der ersten Trauer ein Gedanke durch den Kopf: Und wie wird er jetzt die Sportresultate erfahren? Natürlich schob ich dieses Problem als peinlich und grotesk gleich wieder beiseite, aber später meldete es sich nur um so hartnäckiger zurück – zumindest jedesmal, wenn ich selber während eines zähen Abendessens, einer endlos heiteren Hochzeit mal schnell diskret verschwand, um im Dunstkreis der Toilette die Nummer 164 wie ein Orakel anzurufen und dann eine lakonische Frauenstimme Dinge sagen zu hören wie: «Delémont Grasshoppers zwei zu eins.» Worauf ich sofort dachte: Wenn er das noch hören könnte! Beziehungsweise: Ob er das noch hören kann?

Was Wunder, dass ich mir deshalb mit der Zeit nur schon aus psychohygienischen Gründen eine Reihe von denkbaren Antworten zu diesen Fragen zurechtgelegt habe:

1. Verstorbene Sportfreunde interessieren sich per se nicht mehr für Sport, weil sie jetzt a) im Wortsinne darüber stehen oder b) aufgehört haben, überhaupt irgend etwas, geschweige denn Sportfreunde zu sein.

2. Sollten sich verstorbene Sportfreunde aber weiterhin für Sport interessieren, dann werden sie a) wahrscheinlich sowieso alle Spiele und Wettkämpfe gleichzeitig mitverfol-

gen können oder b) vielleicht sogar sämtliche vergangenen, gegenwärtigen und zukünftigen Sportresultate kennen.

Während ich mich als latent religiöser Kulturoptimist schlichtweg weigere, die grauenerregende Variante 1b) überhaupt in Betracht zu ziehen, sind für mich als Sportfreund auch die übrigen drei Versionen eher unerfreulich. 2a) zum Beispiel mag auf den ersten Blick wie Stadion Eden wirken. Aber muss sich dieses totale Sportparadies beim näheren Hinsehen nicht als genau jene Hölle entpuppen, an der Kirch und seine TV-Jünger eben jetzt schon hienieden mit glühendem Eifer herumbasteln? Gibt es eine noch schlimmere Vorstellung eines fußballspezifischen Fegefeuers als die, dass man mit weit aufgerissenen, vor Irrsinn flackernden Augen versuchen muss, mehrere Millionen Spiele, Spieler, Strafräume, Torschüsse, Ausschlüsse, Abseitspositionen, Schlusspfiffe und Verlängerungen gleichzeitig zu beobachten?!

Die Varianten 1a) und 2b) wiederum beschreiben bloß graduell unterschiedliche Entwicklungsstufen zweier im Prinzip eng verwandter Zustände. Denn muss das vermeintliche Privileg einer gottgleichen Allwissenheit nicht unweigerlich dazu führen, dass man jedes Interesse am Sport verliert?

Diese Argumentationslinie mündet geradewegs in ein vollkommen sportfreies Jenseits, wodurch unser diesseitiges Sportinteresse, unser unstillbares Verlangen nach den neusten Schlussresultaten, natürlich nur noch kurioser wird.

Aber was genau ließ denn meinen Vater seinerzeit so unvermittelt aus möglicherweise wichtigen Gesprächen schleichen? Was lässt mich selber immer wieder wie zwanghaft die nettesten Freundeskreise schneiden, nur um einer an sich nervtötenden Tonband-Litanei von Namen und Ziffern zu lauschen?

Vielleicht ist es einfach die reinigende Wirkung einer klaren Botschaft. Wer eine Minute lang dieser unbeirrbaren 164er-Stimme zuhört, bekommt das Gefühl vermittelt, dass menschliches Streben mitunter doch noch zu eindeutigen Ergebnissen führen kann. Und diese Erkenntnis ist ihre sechzig Rappen wert.

0:9

Glossar

0:10

Dank und Details

Dank an Gerda für das Für- und Gegenlesen. Dank an Giacomo Carloni für die kreative Zusammenarbeit. Dank an die NZZ-Sportredaktion für den dem «Sportplatz» gewährten, gut eingezäunten Raum. Dank auch an die Leserinnen und Leser, die mit ihren Briefen wesentlich zur Motivation beitrugen, aus der heraus dieses Buch entstanden ist.

Die meisten der hier versammelten Texte sind seit 1999 im Sportteil der *Neuen Zürcher Zeitung* im Rahmen der Kolumne «Sportplatz» erschienen. Die Texte «Karl wird Erster», «Ibiza» und «Schulsilvester» erschienen zuerst in der Zeitschrift *Nebelspalter* im Rahmen der Rubrik «Der abgeschlossene Roman».